我陪著維維，他也陪著我，我們從徒步環島開始，學著走我們自己的路。

目錄
CONTENTS

Day 1 ↓ Day 51

前言

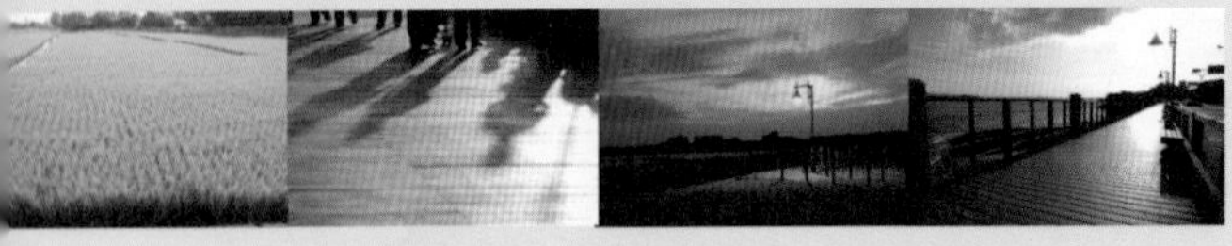

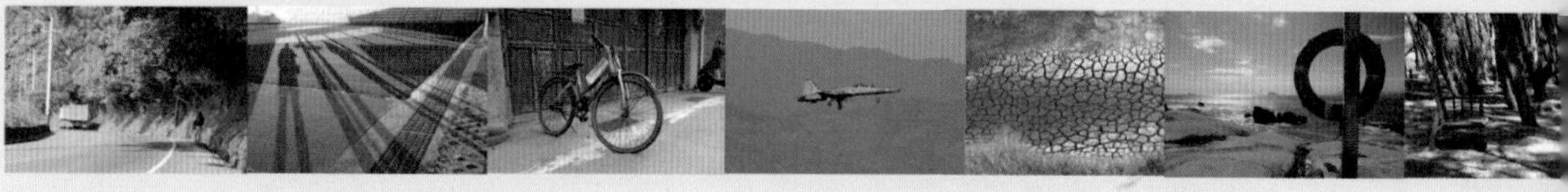

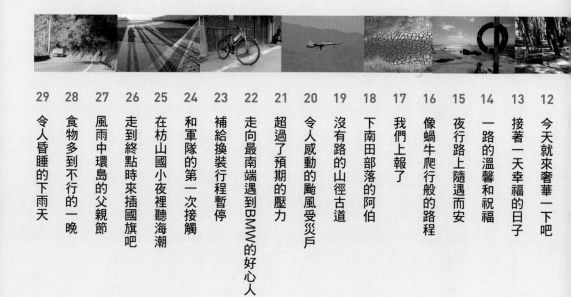

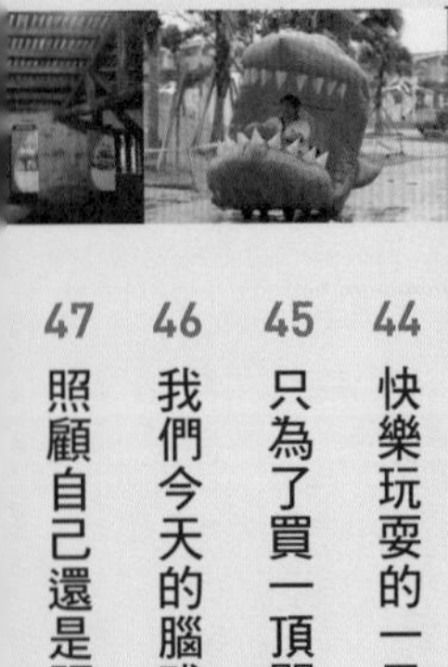
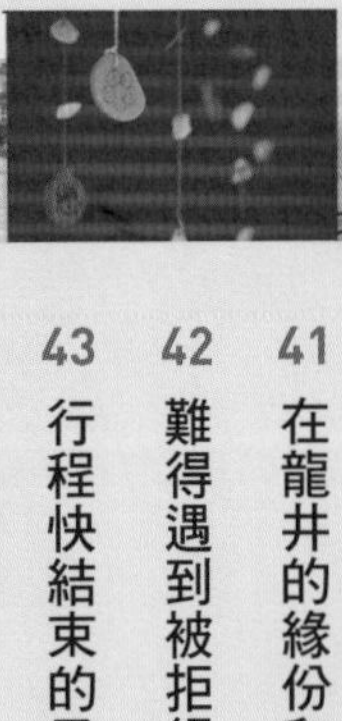

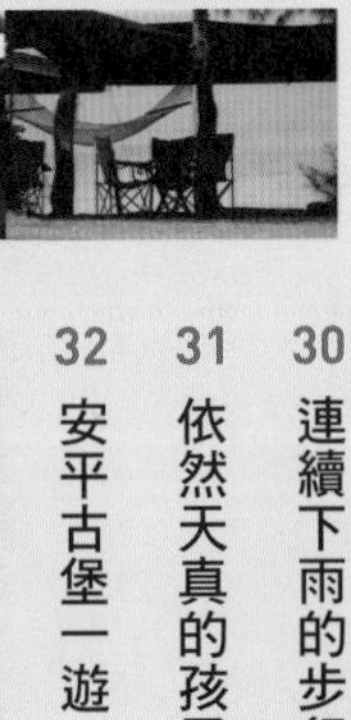

前言【爸爸說】……………

走自己所想、所愛的路

環島這件事，很早就在我心裡醞釀著了。最早可以追溯到一九八四年，我大學即將畢業的時候，當時已經有了這樣的念頭。只是，一直沒有化為行動。

二十年後，父親去世了，平常攝影拍底片機的我，在那年三月買了第一台數位相機，引爆了對攝影旅行的喜好。每逢假日回到清境農場老家，下山回程時，我和維維就會沿著海岸公路下到西海岸邊，拍照、玩耍。由於利用的是回程短短的時間，每次只能停留一個定點，我們就這樣一次一小段海岸，做簡單的旅行。幾次下來，我們探訪過了梧棲、大甲、通霄、外埔、海口、永安等地的海邊。

天黑後，從海岸邊開車上高速公路奔回台北，邊聽著收音機邊聊天，我對維維說：「要找時間逛完台灣的海岸線。」維維也很高興地期待著這個「有朝一日」的願望。

二〇〇七年五月，公司執行長召見說明了部門要做重組和調動，聽完之後，我心裡覺得好累好累。十多年來，我一直在大量加班工作，遇到部門重組調動搬遷，很多事情又得重新來過。這次已是部門第五次的調動了。大量的工作，讓我沒有時間和自己的內在獨處，也很難去做一些所想和所愛的事情，內心始終處於嚴重的失衡狀態中。早年從事廣告工作時，幾次得到時報廣告金像獎，相映著同仁們的歡欣，自己卻感到無比的虛無。二十幾年的職場生涯，都是為著配合這個、配合那個這麼地過著。然而，自己的內心卻變得越來越淡泊，一直想著能否從職場上退下來，只做想做的事、只過簡單的日子？此時，似乎到了該下決定的臨界點了。

五月中旬，我做了慎重的思考，下了離職的決定。周日早晨，天氣晴朗，客廳的落地窗透著明亮的陽光……我想著，如果離職後，很快地我們將面對家裡經濟來源不穩定的問題，我將想法告訴維維媽媽，看看她的想法。「我決定離職了，你覺得怎樣？」「很好啊，早該這麼做了。」她說得一點也沒有猶豫。「可是……我的收入會有問題。」「你可以有其他的辦法的！」她毫不擔心地說。

雖然獲得維維媽媽的支持，但是，這麼重大的決定還是讓我心裡很不安，我說：「可以讓我抽塔羅牌嗎？」她笑著說：「好啊！」我抽到的是國王的寶劍，代表的是「明智的決定」，還有一張牌代表「全新的開始」，這，我也是知道的。

維維放學後，穿著迷彩服和戰術背心到我的公司來，和我一起加班，寫他的功課。晚餐時在何媽媽的餐店裡，維維吃著很喜歡的麻辣鴨血，我將離職的決定告訴他。維維聽了很高興地說：「太好了，那麼我們就有時間來環島了。」「嗯！我們可以開車環島。」他說不要。「那麼，我們騎自行車。」他也不要。「那你想要怎麼環島？」他斬釘截鐵地說：「走路！」

我聽了有點嚇到。「你真的要走路環島嗎？」

他認真地回答：「對！」

「可是暑假天氣很熱，走路會很辛苦耶！」他聽完之後，依然堅持：「我就是要走路！」「為什麼你想走路？」「不知道，就是想走路。」

最後，我同意了維維走路環島的想法。但是為了了解他的決心，那幾天有機會我就問他是不是真的要用走的？總共問了三次，他每次都堅決地說：「就是要走路！」於是，我們開始著手徒步環島的準備。

我們買了台灣全圖，攤在客廳的地板上，量了台灣海岸一圈，計算出大約是一千一百到一千兩百公里。換算起來，如果每小時走三公里，每天走八小時，每天走二十四公里，共需四十五至五十天。

這麼長的時間，如果每天在旅社或民宿過夜，費用會很可觀。所以，我們決定把費用投資在帳篷裝備上，用露營的方式解決過夜的問題。維維對於這樣的計畫感到很高興，他一直嚮往著有一天我們可以在野外露營。

這樣一來，我們需要的裝備變得很多。由於沒有從事過野外活動，完全沒有戶外野營的經驗，我們上網搜尋了相關的知識後，採購了比較便宜、但還算可以的專業裝備——背包、防水鞋、健行登山毛襪、防水綁腿、斗篷式雨衣、帳篷、睡墊、簡單炊具、行軍鍋等等。除了這些，背包裡還要放換洗衣物、沐浴和洗衣的洗劑、藥品、手電筒、對講機、收音機、手機、電池、宿營工具、地圖、筆記本，以及我的兩機兩鏡單眼數位相機、防水消費數位相機、腳架、電池等，再加上步行時還得攜帶大量飲水和一些備用食物，背包變得相當沉重。我們後來才知道，這樣的重量對於專業登山來說，已經屬於重裝徒步了。

六月二、三日的這個週末，我們將全部的裝備帶著，進行一次北海岸模擬試走。

周六的下午，天氣很好，我們從淡水紅毛城出發，傍晚時在漁人碼頭用餐，並利用廁所模擬野外洗澡，再沿著海邊走到沙崙海水浴場露營。周日早上從海水浴場出發，頂著烈日，沿著台2乙公路接台2線公路走到淺水灣，下午便乘坐公車回淡水，轉搭捷運回家。

坐在公車上看著走過的路在身後飛逝而去，維維說：「爸，我們走得那麼久、那麼辛苦，結果，坐車一下子就過了。」我也同意地笑著回答：「對啊！」同時想著在這般酷暑烈日下，重裝步行真的很辛苦，於是問他：「這樣走你覺得可以嗎？確定可以走路環島嗎？」

「可以，沒問題。只是在漁人碼頭的廁所洗澡時，隔壁有人在大號，很臭，覺得很噁心而已。」他對自己充滿了信心。

「這是最後一次問你了，決定了就不能反悔囉。」

「好！我可以走！」

經過這趟北海岸試走，「走路環島」已經箭在弦上，只等著我離職了。

整個計畫從原先想和維維一起開車環島做海岸攝影，變成了陪他徒步環島。對於這樣的轉變，我雖然覺得辛苦了點，卻也對於能夠和維維親密地一起做一些事情而感到開心。

平常我工作加班完回家，維維已經睡了，他上學時我還沒醒，即使同住一起，卻只在假日才能碰面。不過，我們一直很親密。

從占星血型的角度來看，這樣的親密也許是天生的（註1），也許是在他很小的時候長時間相處所培養的，也許是因為我們都是男生，更也許我不是一個管教式的父親。

當初我和維維媽媽講好，不要生小孩的。那時，我很害怕養小孩，不是怕養不活，而是不知道該如何教養孩子——我覺得自己一直長不大，對社會有一點適應不良，實在無法想像這樣的自己要怎麼去教養一個小孩。

因此，當維維媽媽每天拿著溫度計量體溫決定要生小孩時，我的內心開始恐懼起來；眼看著她的肚子一天一天大起來，我也開始惡夢連連，常常在半夜裡嚇醒過來。我如此害怕一個生命和我有這麼直接的關係，也如此害怕必須為一個新生命負責。我真的不知道要把他養育成什麼樣子？

直到有一天，就像阿基米德洗澡時靈光乍現地叫喊著「我發現了！我發現了！」去揭穿金匠的詭計一樣，我也在洗澡時也突然明白了。我高興地跑去對維維媽媽說：「我們要開心地迎接這個孩子的到來，我知道怎麼養他了！」

小孩誕生的那一刻起，面對未知的明天，他和我是站在同一個起跑點的，他不知道明天會怎樣，我也什麼都不知道。那麼，我和他的差別在哪裡？在於我擁有過去所累積的經驗吧，這些經驗讓我在面對明天時，有能力可以應付未知的一些事情。

所以，我不需要教小孩什麼，只要依循著他，培養他的能力，讓他有能力過自己未來的生活。

那麼，什麼是他需要培養的能力呢？第一是「知道」的能力，他要有能力去獲得知識。第二是「思考」的能力，他要有能力去判斷、重組、推演獲取的知識。第三是「實行」的能力，他要有能力實踐他想要做的。

我一邊興致勃勃地向維維媽媽說著這番領悟，同時發現，這也正是我自己需要學習的功課——因為，我不會的東西，我沒辦法教得出來。於是，維維的誕生啟發了我的學習之路，我感謝上天送給我維維這麼一個很棒的禮物，透過和他的交流，我開始向生命學習。

讀到紀伯倫《先知》裡談到「孩子」的那首詩（註2），我將它打字列印出來，貼在辦公桌的隔間板上，時時觀照著。

你的孩子不是你的
他們是生命本身充滿渴望的兒女
他們經由你來到這個世界　但
他們不屬於你
你可以給他們你的愛　但不是你的思想
因為他們有自己的思想
他們的身體住在你的屋裡　但
他們的靈魂並不
因為　他們的靈魂居住在明日之屋
甚至　在夢中你也無法前去探訪
你可以盡力讓自己變得像他們　但是
不要使他們像你　因為
生命不會倒流　也不會在昨日佇足
你是弓　經由你
射出子女的生命之箭
神箭手瞄向無窮遠的標的　以牠的神力將你拉彎

把箭射得又快又遠
任那神箭手將你彎滿
那是一種真正的喜悅　因為
一如牠喜愛飛快的箭
牠也同樣喜愛沉穩的弓

我不會教小孩，所以我就陪小孩；我不知道要教他什麼，但是我可以給他大量大量而無所要求的愛。在維維成長的路上，我盡可能地陪伴他，甚至在加班時也常帶著他在公司裡陪著。

從他很小的時候開始，只要他在路上看到各種感興趣的事物，我們就停下來陪著他看；他想畫畫的時候，就陪著他畫；他想玩什麼玩具，就陪著他玩；他喜歡看鋼彈卡通、組鋼彈模型，就陪著他做；他喜歡軍事和生存遊戲，就陪著他看電影、做模型、玩槍戰；他喜歡聽相聲，就陪他一起聽、一起哈哈大笑。

我把自己當成他生命中的同學、朋友，而不是長輩，我們一起走過昨天、經歷今天、面對明天。我不會要求他必須這麼做或者那麼做，我只是陪著他，和他討論彼此的想法；我告訴他，他要學著探索自我，找到自己最喜歡的事；在他需要的時候，我會盡可能地幫他。

環島，是維維和我都想做的事；徒步環島，則是維維自己提出來的。

我支持他的想法，一起陪他完成這項艱困的挑戰，完成他對自己的承諾。希望藉由他這次親身走完台灣，創造他自己的高峰經驗，鍛鍊達成目標的能力，讓他在未來能實現自己生命中所追求的每個夢想。

每個人都擁有獨特的生命旅程，我期待我們都能快樂、單純而成功地走在自己所想、所愛的路上。

這次，我陪著維維，他也陪著我，我們從「徒步環島」開始，學著走我們自己的路。

註1：維維和我在星座及血型上有很相似的地方——我們都是B型，太陽在摩羯，月亮在獅子，金星在射手座。

註2：貼在工作隔間板上這首紀伯倫的〈孩子〉為齊若蘭所譯，但是，想不起來是從那本書抄下來的了。

前言【媽媽說】…………

什麼時候開始不擔心？

環島這件事，好像是父子倆決定了之後才告訴我的。

一開始是維維提出來，然後爸爸幾次請他確定是否要這麼做，我大概是在這過程中被告知的。

知道這件事之初，還想不到要如何反應。「太危險，不要去」不會是我的回應，但徒步環島到底是什麼樣的事情？需要什麼樣的準備和條件？一點也無法想像。

就在我還不知道要如何回應的時候，父子兩人已經用迅雷不及掩耳的速度去採購配備，這下子，我不再需要花腦筋思考該如何回應，整件事已經是箭在弦上，勢在必行了。

他們希望我擔任後方補給的工作（這回環島，我的收穫之一是學到一些軍事用語），維維問了兩次：「妳真的願意開車送補給嗎？」他像是在練習「承諾」這件事。

出發前，他們先去北海岸試走了一次，那次聽說累壞了。天氣熱，體力消耗非常迅速。但是，兒子說他可以熬過去。真正上路的第一個晚上，我撥電話過去，電話那頭維維說：「好累，非常累。」

我一陣心酸。那是豔陽高照的七月天，他背著十幾公斤重的背包，雖然看起來高大，但畢竟是才十二歲的小孩子。很想再問他一次，是不是真的要繼續走下去？但是，我硬是忍著沒說。

為自己做決定是他成長過程中最重要的一課，我不能剝奪他的成長機會。

不過，掛上電話的那一刻，我突然察覺：這個環島一旦開始，這件事就成了。

怎麼說呢，幾乎所有困難的事，大部分都是在醞釀的時候，在心裡掙扎的階段消耗了最多的能量——要不要去？能不能做得到？到底做了要幹嘛……但是等到腳步一跨，這一切似乎都不需要再繼續辯證下去，這無法僅用理性去明說，這是一種願意讓自己流動起來，敢把自己拋入未知之境的心態。就好像從小學習走路的時候，不需要有人告訴我們左腳跨出去之後，右腳要接上去。

環島的那五十一天，我幾乎每天總在等著傳真機被啟動。好幾次讀著他們的日記，忍不住掉淚——這是我兒子的成長之旅，每天處於不知道下一刻會遇見什麼的狀態下，依然勇往直前。

這趟環島之行，很多人將目光放在先生中年離開職場這件事，把恐懼未知的心情投射到他的身上，也有人問我難道不擔心未來家裡的經濟？我只知道，人就算有好的經濟情況，也還是會活在恐懼中。我從我的孩子身上學到了「勇敢嘗試」。他如此無懼的往前走，給了我很大的鼓舞，這五十一天裡，用雙腳與汗水走出來的旅程，像是一步一步地為我們的家紮根，好讓我們能夠勇敢地迎向未知的人生。

接受電視訪問時，有一位教育界的主持人問我：「媽媽從什麼時候開始不擔心了？」問得真好！他所提出的問題讓我在意識層面理解：事情只要開始了，就會有它自己的節奏與生命。於是，對我而言，父子環島有個很可貴的學習，就是讓孩子走出去，讓我們一家人願意離開軌道，彼此支持。

是這個「願意」給了這件事很多力量。

有了這次的體驗，我願意不擔心，願意放手，支持他，讓他走出去，走出自己的人生。

我要把它走完

前言【維維說】…………

常有人問我：「你為什麼想走路環島？」「是在什麼情況下提出走路環島的？」

沒有為什麼，只是想要走而已。

記得那天，我去爸爸公司寫功課，大概六、七點一起去吃飯。在餐廳裡爸爸說了離職的事，我跟爸爸說：「爸，你離職後，暑假我想去環島。」爸爸說：「好啊！我們開車。」我搖搖頭。「那我們騎自行車。」我還是搖搖頭。爸爸問我：「那你要怎麼做？」「我想走路。」爸爸問了三次，是不是真的要走路？我的回答都只有一個字：「是！」聽到爸爸一再問我，我開始感覺有點煩，但是，他只是要確認我是不是真的要走路。我猜，他大概有點被嚇到。

確定要走路後，我們開始想，環島會需要什麼？我們一起列了裝備的清單，上網查了很多資料，看哪家比較便宜又比較好，確定會用到才買──我們可不想背著一個增加重量的廢物在走路。

採買的過程有很多有趣的事。為了測試裝備的防雨效果，我穿上GORE-TEX防水鞋，打上防水綁腿，穿上斗篷雨衣站進浴缸裡。爸爸用蓮蓬頭沖我，模擬狂風暴雨的情況，看看能不能防水。測試之後，發現雨衣脖子的車縫線接縫處會進水，就用矽力康在會進水的地方，薄薄地塗上一層補強。

裝備都買齊後，就準備要試走了。試走時，我幾乎沒有問題，唯一的問題是──胯部在流汗和走路磨擦後會「燒襠」。為了這個問題，我們最後聽取了老闆的建議，加買了吸濕排汗內褲。這種內褲穿起來怪怪的，但是效果超好，我們走了五十多天，完全沒有「燒襠」。

聽到走路環島這件事，每個人的態度都不太一樣。

我告訴同學暑假要走路環島，他們的反應不是「你瘋了嗎？」就是「你在開玩笑嗎？」但是，當我開始上路之後，他們的態度從不相信轉為支持。

出發前一個禮拜，我回清境農場松崗的奶奶家，跟四叔他們說我要和爸爸走路環島。四叔給了我一點重力的走路訓練，每天還炒一大堆牛肉給我吃，說是補充體力。在松崗，我早上七點起床，走路到五公里外清境國民賓館的SEVEN吃早餐，幫大家買飲料。我兩手空空下山，回來時手提兩大袋飲料走上坡回松崗。這樣走了五次，當作訓練，後來因為腳扭傷了，才沒有繼續。

松崗的人知道我要走路環島，有人鼓勵，也有人認為我會走不下去。阿龍叔叔覺得我是台北小孩不可能做到，但是，因為他覺得我做不到，所以我更要證明給他看！

奶奶的態度，前後有很大的差別，在走之前她一直說：「很熱耶，你們會中暑，不要去了！」等我們真正上路，就開始幫我們加油。

從松崗回台北後，本來以為很快就可以出發了，但是，爸爸公司交接的事一直沒有弄好，讓我等得快不耐煩了。我希望能趕快開始，一方面是為了學校要開學；另一方面是因為我從五月多就下定決心，要做這件事，而且裝備都買好了。我滿心期待，卻被老爸的延期一點一點奪去，我怕我失去那份熱血，那份讓我完成環島的熱血。

出發前一天，我和爸爸一起去理髮，我理了最喜歡的鍋蓋頭。晚上清點了裝備，享受最後一次在家的熱水淋浴。我準備要睡覺時，爸爸還在忙，我不知道他還要忙多久，我看他自己也不知道。

早上一起來，我好興奮，但老爸說他很累，本來還不想走，我們拖到過了中午才出發。出發時，媽媽幫我們草草拍個照，我們就上路了。

一上路，我就興奮不起來了，我開始變得嚴肅，不高興也不難過，我只想──好好把它走完。

33
HANGTEN COMPANY
STOP WAR
LOVE FOR PEACE
PEACE NO BLOOD

瘋狂的旅行。磨合

0713

Day 1

晴朗炎熱

台北淡水沙崙
↓
台北淡水後洲子
正德國中賢孝校區

出發吧！從淡水沙崙起腳

第一次環島，第一次徒步旅行，第一次露宿學校。這次旅行的決定，感覺有點瘋狂，卻是個難得的經驗，不管怎樣，我們已經上路了。

AM
10:55

早上起來，有點晚了，今天應該要出發了，但是我好累。維維坐在沙發上看著已經看過數十遍的《諾曼地大空降》打發時間，等著我起床。「維，我好累哦，我們再延一天好了？」

維維聽了，重重地把搖控器「碰」一聲擺在茶几上。「爸～你說六月底就可以離職，結果拖到了七月十號；本來說好十一號要出發的，今天已經十三號了，你又要延！哎喲！」這個時候，背包都已經打包就緒，就擺在客聽電視櫃前的地上等著上肩，維維說什麼也不肯再延了。

「好吧！我們走吧！」為了他，再怎麼累也只能妥協了。

我拿起相機拍下環島背包擺在櫃前的樣子。現在起，要開始記錄我們父子第一次的長途旅程了。

我們肩上了全部裝備，在民生東路家門口，讓媽媽拍下出發前的照片。我們打算出發前拍一張，回來後在同一個位置、用同樣的角度再拍一張，做為旅行前後的對照——現在的我們白淨、光鮮、清爽，昨天才剪短的頭髮在陽光下閃閃發光；四、五十天後，不知道我們會變成什麼模樣？

在開車駛往淡水的路上，大家相當安靜，沒聊什麼，也沒談到這個帶點衝動瘋狂的念頭和行動，最後會變成什麼樣子？能不能走得完？會不會有危險？我們一家三口神情自若，好像這一趟從沒做過的長途旅程，就像回南投清境農場奶奶家一樣，平常得沒什麼稀奇。

我問坐在駕駛座旁的維維：「到淡水後，我們就坐渡輪到八里左岸，然後再向南方走下去囉？」

原本盯著車窗外的他，將視線轉回來對著我說：「我想順時針走。」

PM
05:25

PM
01:00

「真的嗎？可是，我的行程規劃全都是按照逆時鐘方向做的耶！」

「我要順時鐘走！」他堅持著酷酷地說。

哇哩咧！為了這趟行程，我準備了三十七張全島海岸分區的影印地圖，四十到五十天的路線、每日的步行距離、每天預計的駐紮地點，都是以逆時鐘來做規劃的，此刻卻突然要來個一百八十度的大逆轉！實在太令我「夏克」了！

好吧！我還是投降了。逆轉也沒什麼大不了，反正在時鐘循環的刻度上，正走、反走都一樣，把地圖上的最後一天當成第一天來走就行了，其他的行程便依此類推。

到淡水時已經中午了。由於時間變得緊迫，而且行程既然改為先向北行、再轉東邊向南而下，那麼坐渡船橫過淡水河就是最後一天的事了。因此臨時決定，把起腳的地點改在淡水沙崙，從那裡出發。

下午一點，在沙崙海水浴場外台2乙公路旁的樹蔭下，我們父子倆像兄弟一樣互搭著肩，讓媽媽幫我們拍出發前的合照。

「我們應該每天都拍一張合照做記錄！」此刻的維維信心滿滿。

「沒問題！我有帶腳架，可以記錄我們每天變成了什麼樣子。」

肩上背包後，在酷暑烈日的迎接下，我們出發了。我們要向環島行程挑戰了！

台2乙線公路從沙崙到育英國小和台2線公路合併以前，是還蠻不錯的步行道，路不寬，但幾乎沒什麼車在走，沿路兩旁綠樹很多，能提供很好的遮蔭。我們不想傻傻地和火辣辣的太陽硬拚，能走蔭涼處就走蔭涼處，也不管是順向車道或逆向車道。

我通常讓維維走在前面，這樣才能看著他前進的背影；不過，走在逆向的車道時，為了安全起見，我便走在前面先迎向對面的來車，讓他走在後，此時我總是忍不住擔心，想著身後的他會不會跟不上？會不會不見了？雖然，這段路我們已試走過，但是，做爸爸的我還是會這樣不停地擔心著。

初次正式上路，我們抓不準步行所花的時間及能走的距離，只能依時間和行程，不斷地調整紮營地點。從育英國小、興化國小，直到傍晚才明確決定了今天的紮營處——後洲子附近接近海邊的正德國中賢孝校區，校區離台2線公路還有約二十分鐘的路程，得再走進去。

走到這裡維維已經累了，我讓他在進學校路口的公車站休息，順便看守我們卸下的背包。自己要再順著公路往前走約十分鐘的地方買便當，那是在公路坡道隆起的另一端，他會看不到我。我們要分開時，留下他一個人獨自坐在公車站，維維有點擔心和不安，於是，我們拿出各自的對講機，調好頻道，相約三不五時聯絡一下。

在等老闆裝便當的同時，維維便不斷的扣呼著我：「爸，怎樣了？怎麼那麼久啊？」我也扣呼回去：「快了，快了，在裝便當了。」我們就這麼扣呼來扣呼去，確認彼此都還存在著。

他聽到我的聲音就比較安心了。其實，我何嘗不也是一樣？在我們互相看不到彼此的時候，從對講機裡聽到他的聲音，我也才能放心。

PM

06:00

我們帶著便當走進校園。六點鐘，太陽已快下山，斜射的陽光將草圃地裡的狗尾草染成一片金黃。空盪的校園十分寧靜，我們停下腳步，一起坐在校園的花圃圍牆上。我興奮地說：「我有買我們最愛吃的紅豆牛奶冰耶！」維維皺著眉頭，以一種苦苦的笑容做為回應。他太累了，笑不出來了。

我們一起吃了便當，再一人一口地互搯著紅豆牛奶冰，在向晚的金色光芒下，兩個人沉浸在滿滿的幸福中。我架起相機，拍下了我們第一天坐在一起吃冰的樣子。我們還約定，在環島的行程中，每天都要共同分享一碗紅豆牛奶冰。

天空中不時有飛機飛過，我們一邊拍，一邊看。第一次要露宿在陌生的地方，有點新奇，有點不安，仰望天空的飛機滑過，讓我們有種輕鬆釋放的感覺，同時，也像是遙望著這趟瘋狂旅行的夢。第一天出發了，後面不知會怎樣？

天色很快地暗下，我們打開了教室走道的燈。在暗夜中，這所偏僻又有些破舊的學校，讓人不禁有點害怕。更糟的是，一大群肥大的蚊子繞著我們打轉，維維被牠們煩到不行，不停地用闊邊帽揮打著。

「到二樓點上蚊香可能會好點吧。」我們拎起了裝備衝上二樓的走廊，同時點起了大量的蚊香。不知是因為二樓比較高，或是蚊香發揮了效用，在二樓的走廊，我們終於有了一個安寧的地方。

PM

07:35

接著，我們要面對第一次宿營在學校洗澡的事了。

學校的廁所內沒有盥洗淋浴的地方，環顧四周，雖然有一個清洗槽，但是看起來蠻骯髒的，不可能把它當浴缸來用。

「爸，該怎麼洗啊？」

我打開水龍頭，將水注滿在行軍鍋內說：「用行軍鍋來當水瓢好了，接滿了水就往身上倒，就可以了。」

暗夜中，一大群夏蟬淒厲地叫著，讓人心裡發毛。維維感到恐懼不安，希望我們一起洗澡。我說：「沒關係，我就在門口等你，順便看著外面，你會聽到我的聲音。」於是，我開始大聲唱歌：「綿～綿密密～的烏雲堆滿山～頂，籠～罩著那山頂上的樹～林，那山谷中～吹來淒涼的夜～風……」應和著淒厲的蟬鳴，我的歌聲迴盪在夏夜空無一人的校園中。

我知道維維害怕，需要有人陪著，但是，我擔心如果兩個人都在裡面洗澡，不知外面會不會發生什麼事情？還是有一個人在外守望比較安心。

我們就這樣，一個洗澡，另一個輪流做守望。

夏天的水不冷，水管被陽光曬過，水也是溫溫的，洗起來還蠻舒服。洗澡後，換上了乾淨的衣服，像平時一樣，我用力地抱住維維，久久地抱住他，把巨大而柔軟的他用力擁在懷中，用這樣的方式給他打氣，讓他感受到——他真的很棒！

他陪我洗完衣服，我們一起走回二樓走廊下的紮營區，我將曬衣繩栓在樓梯口的兩個柱子上，掛上了衣服後，看起來就像一道門簾，也讓我多了一分安全感。對我而言，也是第一次在學校露營，從沒做過這樣的事，自己心裡其實也有些不安，但是這些擔憂我都放在心裡，怕增加他的害怕，不能對維維說。

環島前，媽媽和我們約定每天寫旅行筆記，她為這趟旅行架好了部落格，會將我們傳真回去的筆記重新打字、上傳，為我們的行腳做記錄，也讓朋友們都能分享。維維寫完了，不讓我看他寫的內容，隨後便爬進帳篷中，和媽媽通了電話。「媽，我很累，很想家！」他的聲音帶有一些哽咽。

我鑽進營帳中陪他，躺在他的身旁。他小聲地對我說：「爸，在帳逄裡，我就比較有安全感了。」我應了他，再給他一個有力而長久的爸爸的擁抱，他就沉沉地睡著了。

第一次環島，第一次徒步旅行，第一次露宿學校。這次旅行的決定，感覺有點瘋狂，卻是個難得的經驗，不管怎樣，我們已經上路了。

行程時間	13:10～18:00＝4h50'
行程距離	約10km
今日花費	700元
要感謝的人	正德國中校工李女士，她在我們吃便當的時候發現了我們，好心地幫我們打點好了校方，還留給我們電話號碼，說是可以到附近她的家洗澡。不過，因為維維對陌生人害羞，我們便婉拒了她的好意。

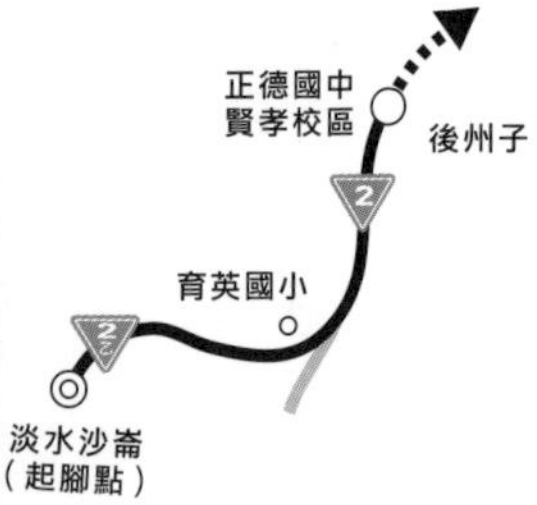

...next

維維的悄悄話

今天是我第一次在學校露營，在傍晚的夕陽下看著學校，讓我感覺這間學校好像不錯。但是，入夜後，我對這學校「好像還不錯」的感覺就完全打消了。太陽一下山，就有成千上萬的「吸血鬼」出來，牠們一直繞著我們飛，打都打不完。我們只好拿出生化武器：蚊香。我們一次點了四個，終於將那群討厭的「吸血鬼」擊退。

我本來很期待第一天露營，但是經過這一件事之後，我的期待馬上消失，變為一點點的恐懼。

說真的，晚上住在學校，幾十平方公尺範圍內只有我們，有點可怕。不過，有了營帳把我跟外界隔離，還是增加了一些安全感。

0714

Day 2

炎熱的大晴天

台北淡水後洲子
正德國中
↓
台北石門老梅國小

到達台灣最北端—富貴角燈塔

在計畫中，我們會經過台灣最北、最東、最南、最西的四個點，還要跨過北迴歸線和濁水溪這兩條線。在這四個點和兩條線上，會做個小小的慶祝儀式，要為我們環島步行所達成的歷程歡呼。

AM
05:00

早上五點，在正德國中賢孝校區醒來，這是我們在外宿營的第一個早晨，此時太陽還沒出來，校園內清新而寧靜。

維維被我窸窸窣窣的動作聲吵醒，帶著睏意，不斷像小貓一樣揉抓著他的臉問：「爸，現在幾點了？」我向他報了時間，看著他，開心地笑著。我們第二天的行程開始了。

AM
07:00

離開學校前，我架好相機，拍下「每日一記錄」的合照。接著我們便向台2線公路走去，今日行程的目的地是石門。早上才九點鐘，太陽卻已熱了起來，我們只能盡量靠著公路東側，躲在建築或樹木的陰影下一步一步前進。路邊的陰影隨著我們行程的移動，越來越少，不久後，我們就得和火辣辣的大太陽對拚了。

扛著沉重的背包，每多走一步路，對我們來說都是很重的負擔。為了少走些路，我們改走比較荒涼但直線的北14號道路，這路行經的車輛稀少，路兩旁沒什麼可避蔭的地方，公路赤裸裸地攤在烈陽下。道路兩旁豎著電桿，景觀別有味道，但對頂著烈日徒步旅行的我們來說，真是苦不堪言。

AM
11:00

我開始覺得太陽穴脹痛，眼睛相當畏光，戴上了墨鏡，卻依然沒有改善，只好瞇著眼一路前進。

接近中午時，看見路旁一戶民家的前廣場上有棵大樹，我們決定在此暫歇。維維將背包內備存的泡麵打開，就這麼當成科學麵乾著吃，他滿心歡喜覺得味道很好。而我，眼睛脹痛，又睏又累，便閉上眼睛做個短短的休眠。

重新上路後，我們要辛苦地翻過這段路終段的坡頂，接上台2線寬大車多的四線道公

PM
02:00

路，向白沙灣走去。遇到了一位機車騎士，他問我們，要不要一次一個載我們過去白沙灣？我看著維維，問他的想法，只見他搖了搖頭，我便婉拒了騎士的好意。

我和維維的想法一樣：我們不想拆散，看不到彼此，我們都會擔心。

抵達白沙灣時已經兩點了，我們選了一間餐店，叫了兩份炒麵和一份維維愛吃的炒海瓜子，很開心地享受美食。

店老闆的小孩是個年輕人，好奇地問了許多問題：是不是登山？哦！走路環島，第二天了！要走多久啊？對於我們五十天的徒步環島計畫，他顯得相當難以置信。我們說：「你也可以加入啊！」他聽了之後，笑著搖搖頭，認為我們父子倆應該沒辦法走完。我們說：「盡量努力囉！」

維維和我開心地吃著海瓜子，早已不去想能不能走完這件事，對我們來說就單純地，該走路的時候走路，該休息的時候休息，該享用美食的時候當然也不能錯過。

餐後，我們沒多做休息，便揹上背包上路了。慢慢地走離了海水浴場上歡樂笑聲不斷的白沙灣，望著人們在海邊沖涼戲水，我們則是頭頂烈日、揮著汗慢步前進——啊！真是一組強烈對比的寫照！

不過，這個艱苦的步行，是我們自己選擇要走的路。

穿過了富基漁港，我們沿著山邊的斜坡步道往上爬，坡道的另一頭就是富貴角燈塔了。這是台灣的最北端，是我們旅程上的第一個紀念點。

在計畫中，我們會經過台灣最北、最東、最南、最西的四個點，還要跨過北迴歸線和濁水溪這兩條線。在這四個點和兩條線上，會做個小小的慶祝儀式，為我們環島步行達成的歷程歡呼。富貴角海域的景色很好，此時天空中有些薄雲，已是下午四點，但陽光仍然強烈，我們依然揮汗如雨，衣服依然濕透了。

在燈塔下休息時，想起了預定要做的慶祝儀式，卻發現什麼都沒準備。因為太累，我們都忘了。

我大笑了起來，維維也用「哈里遜福特式的笑容」笑了，真是難得。我們相互抱了一下，給彼此鼓勵，慶祝我們達成了環島的第一個目標。

在最北端富貴角的燈塔下，維維望著海面。「爸，我們是不是已經可以吹得到一點太平洋的風了？」

PM
06:10

「地圖上標示這裡是是東海，太平洋的話，得到最東邊的三貂角才吹得到。」我們並肩坐在休息椅上，望著海面，我們相信一定會吹得到太平洋的風的！

在富貴角下了背包後，我們累得幾乎沒有勇氣再扛起背包了。本來計畫要挺進石門到石門國中的，但是，由於太累了，便相互確認放棄，就近在老梅社區尋找紮營地。

進入老梅社區，在路口不遠處就看見老梅國小的指示牌，心中輕輕泛起一股欣喜。

傍晚的老梅看起來是一個沒有再進化的社區，還流露著真實純樸的古早魅力。

我們並肩坐在老梅國小教室前的台階上休息，我脫去厚重的登山鞋，讓辛苦的雙腳得以舒展。隨著太陽下山，天色很快地暗了下來，我們將背包放在台階走道上，點起手電筒，輕裝外出覓食。

在暗夜下，老梅社區的一條長街，帶著古意和滄桑。我們來回走了一遍，街上只有一家麵店。點了麵，切了一盤豆干小菜，這是今天的幸福晚餐。我們在這家小店採購了今晚及明早需要的飲水，還如願打包了一碗紅豆牛奶冰。

回到學校，我們又並肩坐在台階上，在走廊的日光燈下，看著黑暗的操場及遠處住家的燈光，一口一口慢慢地品嚐著，紅豆牛奶冰在這燠熱的暑夜，帶給我們的心滿意足……心裡有種平靜的喜悅感，能和維維一起坐在這台階上，真的是很辛福的一件事。

搭好營帳，換洗完畢，維維坐在台階上，就著手電筒的光，寫今天的旅行筆記。手電筒暖暖的光映在他的臉頰上，彷彿「林布蘭特」油畫中閃耀的光采，我感動得在一旁慢慢架起了腳架和相機，拍下寧靜中映著光采的這一幕。

夏天夜裡依然燠熱，就寢前，校工熱心地為我們拉了延長線，又搬了三台電扇給我們吹。三台電扇的涼風穿透營帳吹過我們的身邊，啊！今晚真是舒服的一夜。

我鑽進營帳和維維並排躺著，聊著今天的事，維維覺得像老梅國小這樣小小的學校感覺很好，他們的學校則太大而且人太多了。

「爸，我很喜歡老梅國小。」

「是啊。」

相較昨夜的刻苦，今夜真的是很棒。而且，在台灣最北的學校老梅國小，我們遇到了很好很好的人。

維維的悄悄話

今天一路上都有自行車手向我們打招呼。當我看著一輛輛自行車從身邊過去時，真的有點羨慕他們。騎車的速度快，腳踏累了還可以用滑行的。但是後來想想，其實走路比較好，要搭便車比較簡單。

在走一段上坡時，爸爸說他要放棄回家了。我知道他是開玩笑的。

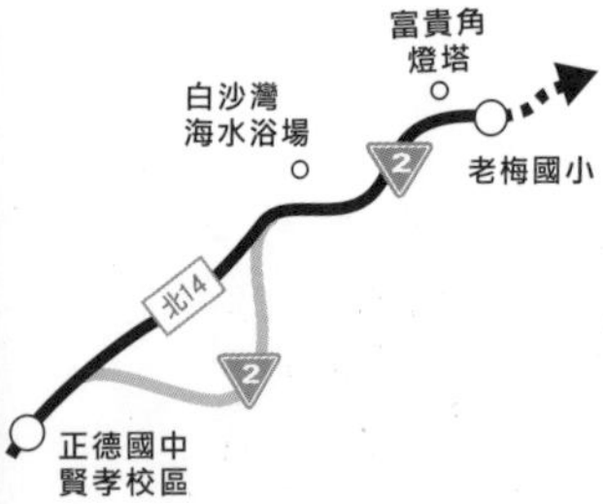

...next

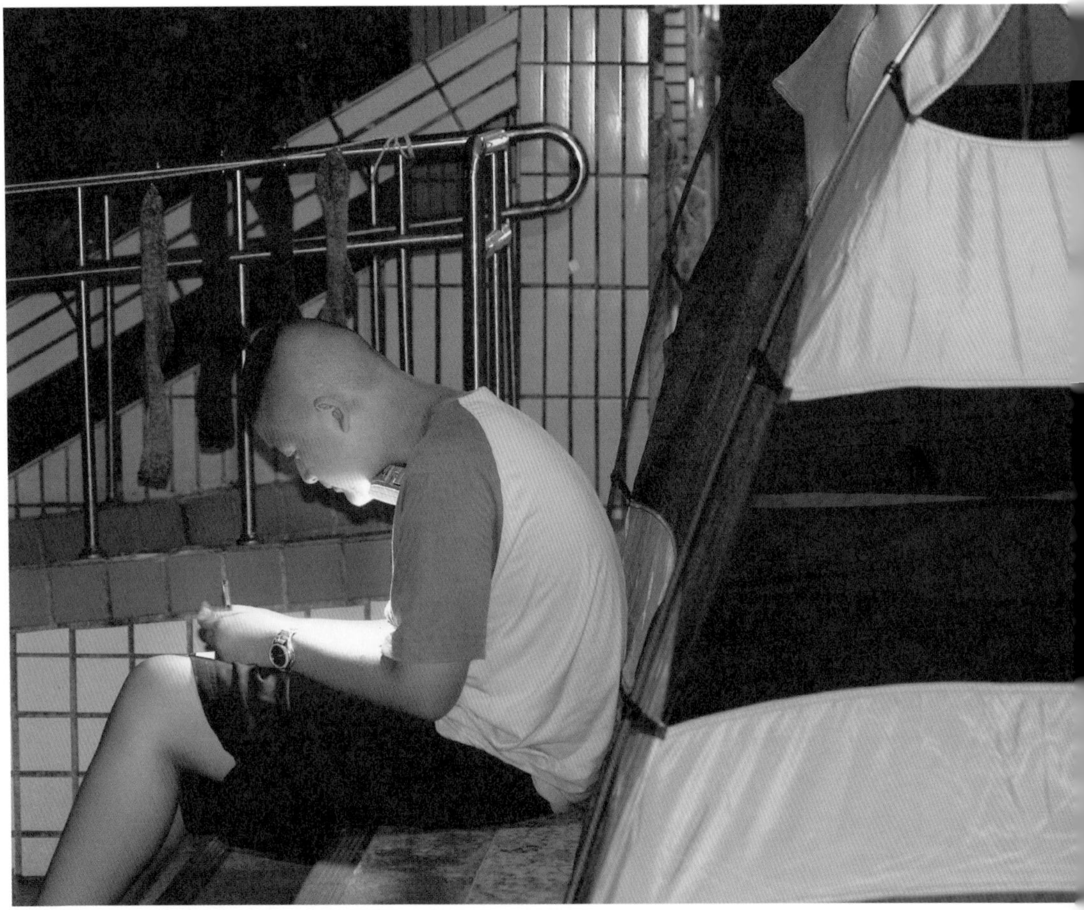

行程時間	07:10～18:00＝10h50'
行程距離	約15km
今日花費	983元
消耗飲水	10800c.c.
要感謝的人	老梅國小蔡組長及不知名的校工。蔡組長聽了我們借宿的請求，很快就允諾了，還請校工帶我們繞校園一圈，尋找適合紮營的地點，更安排晚上的時間到老師宿舍洗熱水澡。
	我和維維站在「台灣最北端富貴角燈塔」的標示牌前，請一對年輕情侶幫我們拍照紀念。那個男生叫做「阿祥祥」，由於相機上搭載的是70～200mm的望遠鏡頭，見他得退得老遠老遠，才幫我們拍了下來。
補充	我們紮紮實實地走了一整天，兩個人共消耗10800cc.的飲水，等於是18瓶600 cc.的普通瓶裝水。背包相當沉重，維維的背包加滿水約有15公斤，而我的裝備含相機和水的話，約25公斤。在烈日下步行，我們每一步都走得很辛苦、很緩慢。

0715

Day 3

台北石門老梅國小
↓
台北萬里野柳國小

晴天炎熱

開始腳痛和中暑了

對於大家好奇的詢問和讚許，維維一直顯現喜怒不形於色的漠然表情，也不和我說他的感想。幾次聊到，他總是說：「這有什麼好說的，想做就去做而已嘛！」

AM 09:00

早上的台2線公路還算冷清，車輛不多，我們走在逆向的車道，欣賞海岸的風景。我走在維維前面，不時回頭拍攝富貴角的燈塔海岸；也不時回頭拍步行中的維維，維維的表情嚴肅又凝重。

只要開始走路，維維就沉默起來，他的心很專注地放在走路上，臉上沒有笑容，也不想說話，就靜靜地走著。這是他第一次需要強大的毅力，來實現他的想法，他不知道這段旅程會有多艱難，也沒辦法想像。進入了行程第三天，對他來說，負重徒步環島還是很艱困的事，他需要將所有的心念，專注地放在每次踏出的步伐中。

走到石門便利店的騎樓下，我們放下背包，暫時避開已經慢慢發威的太陽。遇到兩個騎腳踏車的外國人也來這裡暫歇，我用勉強可以的英文和他們聊天。他們一個是英國人，一個是德國人，只騎這段北海岸。當他們聽到我們要繞台灣一圈，便問：「Car？」我回答：「Walking！」聽到這個回答，他們對我和維維豎起了大拇指。

不久，一個穿著直排輪的阿伯從公路上溜滑過來，買了一罐啤酒，說是天氣炎熱用這啤酒來解渴。他和其他十幾個溜直排輪走北海岸的同伴們脫了隊，先到這裡休息。聊天中，他知道這項步行環島的壯舉是由維維發起的，也驚訝讚佩地向他豎起了大拇指。維維對於大家好奇的詢問和讚許，一直顯現喜怒不形於色的漠然表情。他也不和我說他的感想，幾次聊到，他總是說：「這有什麼好說的，想做就去做而已嘛！」

當維維提出想走路環島時，自己也相當訝異，認為他是說著好玩的。沒想到，現在我們真的就走在這路上了。

金山
Jinshan
萬里
Wanli
基隆
Keelung
野柳風景區
十八王公廟
CANTER
8G-0957

從他小的時候開始，維維媽媽和我就很少對他說：「不行，不可以！」我們也很少說：「你應該做這個，或者做那個。」我們讓他多接觸很多事物，讓他告訴我們他喜不喜歡。他提出想要做，或者有興趣的事時，我們總是說：「哦！這樣子啊！要怎麼做呢？」我們再一起來想要如何達成。

也許這樣，對他來說，事情再簡單不過了，想做什麼？想做就去做啊！

AM
09:30

重新上路後，灌滿水的背包更顯沉重，太陽的熱度也曬得我們開始發暈。我隨手拍了幾張蔚藍海岸下，撐著遮陽傘隨時等待客人的休閒咖啡座。這幅悠閒的畫面似乎並不屬於我們此刻的生活，我們此刻的生活寫照是在酷陽下堅毅地苦行。

台2線公路漸漸繁忙起來，往來車輛變多了；今天是星期天，騎腳踏車和重機車旅行的人也大批出現。而維維和我還是如同背殼蝸牛般，在烈日下揮著汗水默默地前行。

維維在前，離我有點遠了。他的身影渺小，在車道線外和公路護欄窄窄的安全地帶中，踽踽而行，迎面著呼嘯而過的一大群汽車。

我的太陽穴又脹痛起來，比起昨天越發強烈；眼睛也開始畏光和腫痛，雖然戴上了墨鏡，還是得瞇著眼才比較舒服。

我覺得好熱，身體夾在前後兩個背包中間，雖然衣服已被排汗淋濕，卻似乎散不了熱。我得不時地把前面的相機包抬一抬，讓身體有個間隙透透氣，吹一點極為微弱的風。

AM
10:30

我們在一個公車站的小屋裡休息，我對兒子說：「維，我好像有點虛脫了，頭痛、眼痛、想吐，你呢？」

他說：「還好！可是好熱！」「我也是。」我已經熱暈了。

我拿出地圖來看，這段海岸道路到金山以前，似乎荒涼不易補給，路上也沒有樹木可以避蔭，而這時又是太陽最發威的時候，看看身體的狀況，決定還是不要逞強，改搭公車到金山好了。

上了冷氣公車，我的頭痛、眼痛、想吐依舊。到金山下公車後，找了餐廳用餐，我已全身無力了。

點了餐後，維維吃得津津有味，而我，才吃兩口便想整個吐出來。我覺得餐廳的冷氣好冷，就從背包拿出了防風夾克穿上，眼前景象的顏色漸漸變淡……「維，我好累！我想睡一下，你先吃好了！」我將相機包放在桌上，趴下就睡著了。

PM

02:30

也不知過了多久，醒來後，精神變好了，胃口也有了。維維留了一份飯菜給我，還細心體貼地將蝦子都剝去了殼，整整齊齊地排著。他關心地問：「爸，你現在覺得怎麼樣？」我看著擔心的他，笑著說：「覺得好像都正常了！」

餐後，我們逛了一會兒金山的舊街，適逢假日，人山人海，我們揹著背包身陷如潮水般的人群中，只能順著人流流動。

繼續上路前進時，維維始終腳步蹣跚，我們走到頂寮，在公車站等候小屋中休息。維維揪著臉說：「爸，我腳底已經痛得不能走了。」我心疼地看著他，決定再搭公車到野柳。

在野柳夏綠蒂農莊附近的站牌下車後，我們走過野柳漁港，找到了野柳國小。但是，沿著圍牆邊來回找了幾遍，卻不得其門而入。最後問了一位蹲在學校旁邊整理魚貨的中年婦人，依她的指示才找到了警衛室。警衛帶我們到可供外宿的教師宿舍，宿舍裡有很多房間，有冷氣、有客廳、有電視（但沒有節目）。

夜裡，我幫維維擦上治痠痛藥膏，一邊按摩他的腳底和小腿，一邊和他聊著今天我們都出了一些狀況。

走了三天，感覺背包越來越重了，維維的腳底痛得受不了了。而我，從七月初以來一直熬夜，這幾天安頓睡下也是凌晨了，早上五點就醒來，體力透支太多，加上天氣炎熱，好像中暑了。明天開始，必須調整一下，設法避開十一點到兩點中午時段最熱的太陽。

和維維並躺在冷氣宿舍的泡棉床上，我幸福地想著，終於能好好地睡個好覺。我說：「嗯，今天的住宿還不錯。」

維維平躺著，兩隻手臂互抱著遮在眼睛上，悠悠地說：「我還是比較喜歡老梅國小。」

行程時間	07:10～15:00＝7h50’
行程距離	約25km
今日花費	1330元
消耗飲水	7000c.c.
要感謝的人	小江夫婦開著吉普車找來野柳國小，帶我們勘查明日到和平島會經過外木三漁港的路線，順道到基隆廟口，請了我們一頓豐盛的晚餐，還如願地吃了紅豆牛奶冰。

維維的悄悄話

從老梅到野柳的路上，遇到了一個對我們來說很神聖的地方：7-11。我們在那裡遇見一個溜直排輪的阿伯，他的談話很幽默。我們也遇到了兩名騎腳踏車的外國人，一個是德國人，一個是英國人。

我們遇到了騎自行車的、溜直排輪的，怎麼都沒有走路的？

...next

0716

Day 4

晴午後多雲

台北萬里野柳國小
↓
基隆市鶯歌石外婆家

被大家的加油所鼓舞

對維維來說，步行時，會產生一種韻律和節奏，以一種半自動的狀態前進，可以很省力；但是因為我拍照而打亂了這個節奏，就會令他很生氣，尤其，當天氣那麼熱，而人又那麼累的時候。

AM 07:50

我們從野柳國小，沿著靠海的道路向外木山漁港出發，繞過東澳的小漁港和養殖場，轉個彎，就看見了一段美麗的海岸。

我和兒子協調：「維，我們在這裡休息，多停留一個小時，讓爸爸專心拍照，可以嗎？」維維答應了。他坐在對面這座山的影子下、寫著「野柳社區」的大岩石旁休息，不想和我一起曬太陽。

我仍擔心他不高興，問他：「我拍照的時候，你會不會無聊？」

「不會。」「我會走到前面，下到海邊，你會看不見我。所以，我們把對講機打開，有什麼事你隨時呼叫我，好嗎？」

他沒有表情地點了點頭。

和他互相試扣了對講機後，我便拎著攝影裝備往海邊走去，不放心地回頭望了一下，維維坐在公路水泥護欄上，低頭玩著小木棍和碎石頭。

AM 08:10

八點鐘的晴朗早晨，光線還是斜斜的，很適合拍照，景物在這種光影下，很有層次。野柳岩石海岸的海蝕地型，相當奇特，光是裸露岩石上的層層紋理，就美得讓我暈眩。波光粼粼的海面，在霧氣中尚未完全露臉的基隆嶼，遙遠的幾艘船影，不時拍打岩石的浪花，都讓我相當興奮。

我不停地取景、構圖和拍攝，陷入了攝影的著魔狀態，幾乎忘了獨自一人在公路旁無聊地玩著小石子和小木棍的維維。若不是對講機三不五時傳來扣呼聲，我還真的什麼都記不得了。

時間過了將近一小時，維維等得有些不耐，多次扣了對講機過來：「爸，要不要走

AM
09:00

了？」「還要多久？」

「好～可以走了！」以這個定點來說，能拍的也差不多了，我們扛起背包再度啟程。

從野柳望向右方遠處的三座巨大煙囪，就是外木山漁港的所在，一眼望去美麗的海岸，我知道我又會把持不住猛按快門了。為了怕他不開心，先對他打了一劑預防針：「維，這段路的風景很漂亮，原諒爸爸會邊走邊拍照，走路會有點慢。」

他勉為其難地應了聲：「哦！」

我沿著海岸道路，一邊拍照，一邊慢慢前進，維維已遠遠地走在前面了。

步行和拍照，是維維和我一直存在著衝突的地方。

就我來說，一定會為了抓住美景而放下走路。

但是對維維來說，步行時，會產生一種韻律和節奏，以一種半自動的狀態前進，可以很省力；但是因為我拍照打亂了這個節奏，就會令他很生氣，尤其，當天氣那麼熱，而人又那麼累的時候。

他的步行節奏不斷被我干擾，為此總是擺著一張不高興的臉。

這事，我也是了解的，但是，我就是愛拍照啊！於是我只能常常對他說：「我拍照的時候，你可以慢慢地走，我會追上你的。」然後，一面在心裡愧疚地說著：「兒子啊！對不起哦！」一面努力地用相機捕捉美景。

這時候，我們的角色好像互換了，我就像個貪玩的小孩只顧著拍照，他則必須像個大人般容忍我的任性。

第四天了，雖然走得很累，但維維受到了許多路人的加油而備受鼓舞。

我們在接近龜吼漁港公路邊的一座涼亭休息時，幾個整理花園的工人也在這裡暫歇，聊天中他們一聽到我們這項艱苦的旅行，就對我們加油打氣。

頂著烈日、扛著沉重的背包緩步前進時，許多騎自行車擦身而過的旅友，也會向我們豎起大拇指，或者大喊：「加油！加油！」其中有一輛甚至停下來，問我們：「水夠不夠？餓不餓？需不需要食物？」這樣的打氣鼓舞了維維，他說：「爸，他們給我們加油，我就覺得好像不累了，就有力氣再走下去！」

於是，只要看到騎著自行車旅行的人經過，維維也開始回報地大喊：「加油！」我也會

天山泉

行程時間	07:30～19:30＝12h
行程距離	約17km
今日花費	575元
消耗飲水	8000c.c.
要感謝的人	維維外婆。 在大武崙白沙灘海水浴場休息時，拿椅子給我們坐的管理員。

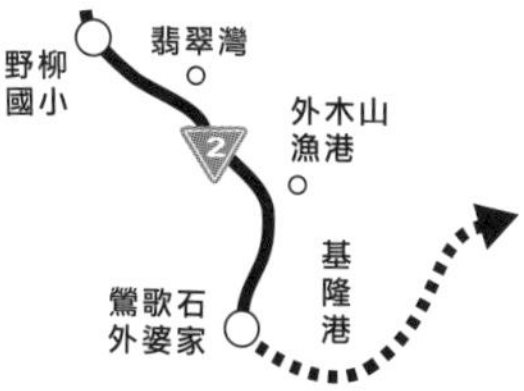

PM
01:30

跟著配合對他們比出大拇指，給他們打氣，也給自己加油。

在這些簡單的語言及手勢的互相鼓勵中，突然間，我和維維都感覺到，人跟人之間的距離變得很近、很溫暖。

走過翡翠灣，走過美崙，走過萬里海岸觀景台，下午一點半在獅子公園拍了告別萬里的紀念照後，便進入了基隆市。

走過大武崙白沙灘海水浴場和外木山漁港後，我們原本計畫要搭公車穿過繁忙擁擠的基隆市到和平島紮營的。可是呀，外婆就住在基隆鶯歌石，維維決定今天不要到和平島了，他想要住在外婆家。他仍不習慣野營的生活，今天能住外婆家的話，就不用那麼辛苦了。

於是，我們到了鶯歌石安樂社區，在公路邊吃了晚餐，依每日願望一起共享了紅豆牛奶冰，便揹著背包向外婆家走去，按下了門鈴。

門一開，外婆很大的嗓門聲便響起來：「哇！你們變成這樣了！走得累不累啊？」外婆看到維維又高興又心疼。外婆對維維的這次壯舉讚賞有加，覺得維維很棒，年紀小小就有這樣挑戰艱難的雄心和毅力，隨後整理了房間，讓我們能舒服地休息。

今天，很多人幫我們加油。沿路的人們，一知道我們要以四十到五十天步行環島，都給了我們很大的鼓勵。

我發現，我們現在做的事，也是大家都很想做、卻一直沒法做的，他們充滿了羨慕，也為我們加油。希望我們能完成這趟艱苦的旅程，這樣，也算是圓了大家的夢。

...next

0717

Day 5

晴天

滯留基隆鶯歌石
外婆家
看醫生

休息一天，可憐皮膚過敏的腳

腳上長了很多密密麻麻微小的水泡，而且很癢，整個腳背都是。抓破的傷口，才一點點結痂，還沒癒合，佈滿了整個腳背，看起來有些可怖。

早上在外婆家醒來，走到客廳，維維在看著電視，我坐下在他旁邊，審視自己長滿了疹子的腳。

不知是什麼原因，腳上長了很多密密麻麻微小的水泡，而且很癢，整個腳背都是，已經有幾天了。為了不要那麼癢，我索性刺破它，讓它流血有點刺痛來止癢。這些抓破的傷口，才一點點結痂，還沒癒合，佈滿了整個腳背，看起來有些可怖。

心裡盤算著：要依計畫前進嗎？可是腳的狀況不知會不會繼續惡化？如果一直惡化下去，這趟行程大概就報銷了。

「維，想不想休息一天？還是繼續上路？」

「看你啊！」維維目不轉睛地盯著電螢光幕，把問題丟回來給我。

我盯著腳說：「那麼，今天休息一天好了，我到醫院去看一下腳的狀況。」

維維聽到我做這樣的決定，當然十分高興，但依然頭也沒回，目不轉睛地一直盯著外婆家的電視機。

穿著拖鞋在基隆長庚醫院等了將近一個小時，才輪到我。

在醫院的冷氣房中，腳的可怕狀況竟然比起昨天好得很多，很多小水泡都漸漸消失了。

醫生看著我的腳，一段一段地說明皮膚的情形，有些是舊的留下的痕跡，醫生說，這些不會改善，很多運動員都會有這樣的痕跡。接著仔細地看了腳上、腿上及膝上的紅點斑，並詢問我是否有穿新的鞋襪？我點了點頭。

他說，兩隻腳的情形看來很對稱，應該是過敏現象。他要開三天的藥，之後要再回來複診。我對醫生說，正在進行環島旅行，恐怕沒辦法回來複診。醫生於是開了一個星期的藥，有吃的、有擦的，臨別前還交代，如果沒有改善，在當地還是得找醫生看一下。

聽到是過敏現象，我心裡踏實很多；而且，這次上醫院還讓我知道，只要不讓腳持續悶熱，比如到冷氣房中涼快一下，症狀就會改善很多。另外，一路來我們都是沿著海岸線走，所到的用餐處，賣的幾乎都是海產。看來得要想辦法避免吃海產，腳的狀況才不會惡化。

晚上，在外婆家享受了一頓相當豐盛的晚餐，好好休息後，明天我們要從和平島走向鼻頭角，再挺進台灣的最東端。

行程時間	0
行程距離	0km
今日花費	0元
消耗飲水	0c.c.

...next

0718

Day 6

晴天炎熱

基隆市鶯歌石外婆家
↓
和平島
↓
台北瑞芳鼻頭國小

在鼻頭角初遇太平洋

維維站在階梯上，吹著涼風說：「終於見到太平洋了，有機會，我一定要在太平洋游一下。」

今天的天氣真是好到了不行，陽光灑落處沒有半點烏雲，又是辛苦燠熱的一天。還好，從和平島的早市中買了一袋小黃瓜，在炎熱的天氣下，偶爾咬一口，涼涼的感覺就從舌尖傳到了全身，還發揮了那麼一點消暑的作用。

PM
12:50

在烈日下我們沿著台2線公路走到榮興暫歇，下午兩點多再從南雅走向鼻頭角。

從南雅起步，我們下到了海岸上，在岩石堆裡步行前進，不平的岩石步道走起來比較累，但是，比起走在公路上呼吸著來往車輛的廢氣前進，要有趣得多。

靠近鼻頭海岸時，海岸步道已到了盡頭，我們又不得不走回台2線公路，公路上車輛很多，汽車廢氣味很重，我只好把毛巾拿出來摀住口鼻呼吸，但這樣一來又變得悶熱，真是令人難受。

走路的行程中讓我最受不了的，就是太熱了。我向維維說，我要把T恤的衣袖剪去，以方便散熱。

維維有些不依，說：「爸，那很醜，很難看耶！」

「還好吧，實在是太熱了，不剪去袖子沒辦法散熱，又會中暑了。」

當我們走到鼻頭附近的一個土地公廟前，在蔭涼處休息時，我便拿出剪刀，沿著T恤肩膀的縫合邊將衣袖剪掉，這下真的就涼快多了。

維維看著我無袖的T恤，一直嚷嚷：「噢～好丟臉哦！」

PM
04:30

走到了鼻頭國小，我們揹著背包，站在關著鐵門的校門口大喊：「有人在嗎？」正好遇到了好心的戴老師，幫我們和校方聯絡，打點好了今天的借宿。

我們將背包放下在英語教室鋪著櫸木的地板上，望著天花板上掛著的古典吊扇，屋頂角上還有六個角窗，教室還有冷氣以及浴室，如果略過課桌椅不看的話，真的像極了度假木屋。黃昏時，陽光能從角窗射進來，角窗的方格窗櫺斜斜地映在牆上和地上，充滿了一種度假享受的想像，我們心中也升起一股欣喜的感覺。

鼻頭國小的圍牆設計成古城牆的樣子，就建在太平洋邊的石崖山頭上，學校圍牆離懸崖的峭壁斷面，最靠近的地方也只不過才區區一、二米。維維認為，這可能是全台灣最靠海邊的學校了。

從英語教室樓梯階前的圍牆邊，就可以看到太平洋，太平洋的涼風吹來，解除了我們一天來步行的疲憊，剎時覺得輕鬆不少。

維維站在階梯上，迎面吹著涼風舒服地說：「終於見到太平洋了，有機會，我一定要在太平洋游一下。」

PM

06:00

我們留下背包在教室裡，到山下的漁港邊覓食，此刻太陽正在西下。

「維，我們先到海邊走走，回頭再吃晚餐，讓我拍些照片，好不好啊？」維維知道，我這個爸爸只要逮到機會，就不會放棄拍照，還好他也並不太餓，也就欣然點頭答應了。

我們走上了鼻頭漁港旁的岩石海岸，太陽溫溫地將這裡罩上了一層暖暖的橙色調。維維坐在岩石上，從腰包中拿出了MP3隨身聽，載上耳機靜靜地享受著他的音樂。我則拿著我的30D相機拍夕陽、拍海景、拍漁船、拍月亮、拍維維。

戴著耳機聽著音樂的維維，有著一種自得的平靜，離家第六天，他似乎已經開始能怡然地享受這趟他所提議的旅程。他的神情如此接受，如此平靜，在夕陽西沉的當下，暫時放下旅途的艱辛，沉浸在自己寧靜的內心世界，沒有了那種辛苦的表情。從70～200mm的鏡頭中望著這樣平靜的他，我的內心動容不已。

PM

06:50

我們坐在岩石上看著太陽沉沒在海平面下，然後一起在海邊散步了一小段路，見到一個給遊客用來遠眺的投幣式望遠鏡。

維維抓上它的握把試著遠眺，但剛好可轉動的鏡身，讓維維感覺到像是一挺機槍。當我舉起搭載長鏡頭的相機向他瞄準取景的時候，他也將望遠鏡轉向、朝我瞄準，並想像這挺機槍的威力，「答答答答……」地任意地向我掃射了。

此刻的他，又變回那個對軍事及武器著迷，愛穿迷彩軍服並穿戴著戰術背心，把學校課本、作業簿及鉛筆盒都放在戰術背心夾層裡，用小跑步上下學的那個個子超大而內心還很稚嫩的國小小男生了。

餐後走回學校，路上相當幽暗，雖然隔一小段路會有一盞路燈，但是道路兩旁都是芒草和墳場，走在陌生的地方，維維顯露出一點害怕，而我則沒事般地強作鎮靜。我們把兩支手電筒都亮著，然後不停地聊天，以免陷入黑暗中的靜默，會讓人更覺得恐懼。有隻狗一直跟著我們，在牠的陪伴下，我內心總算覺得踏實。畢竟，如果有什麼的話，狗總是會先知道的。

回到英語教室，我們在櫸木地板上，用教室的白板筆和板擦在四角點出了一個方陣，用濕抹布來回擦拭地板，整理出一個乾淨舒服的區域，鋪上睡墊，準備睡個好覺。在天花板吊扇襲襲的涼風中，我們並排躺在地板上，聊著今天走過的路。

我們笑著說，這一路來，住宿在不同的學校，像是在考察各地學校的樣子，每個學校都有不一樣的味道。我問維維：「今天住的覺得怎樣？」維維說，他最喜歡的還是老梅國小，雖然當天晚上是搭營帳睡在學校教室外的走廊上。

我們還聊著維維今天問路的經驗，他遇到了一個老婦人用閩南語回答，他聽不懂。維維很生氣說：「他們為什麼都不說國語！」我對他說：「不要生氣。在台灣有百分之八十的人都講這種話，這是他們習慣講的話，他們也只會講這種話。就像在山上的爺爺奶奶說雲南話，你開始也聽不懂一樣。不要生氣。以後你會遇到更多的人講這種話，慢慢就會習慣，也會聽得懂了。」

我們聊著聊著，轉頭看一下維維，哦！他開始打呼了。

維維的悄悄話

當我們吃完晚餐要回鼻頭國小時，有一隻母狗跟著我們，當時兩旁山上都是墓碑，就覺得有一點恐怖。那隻母狗好像知道我會害怕，所以一直跟著，直到我們進入校園，牠才放心離開。

在路上，爸爸因為太熱了，所以就把袖子剪掉，我當時覺得跟他走在一起好丟臉，但是生理的需求比面子重要。

...next

行程時間	06:30～17:00＝10h30'
行程距離	約26km
今日花費	1156元
消耗飲水	6000c.c.
要感謝的人	鼻頭國小的戴老師及校工李先生

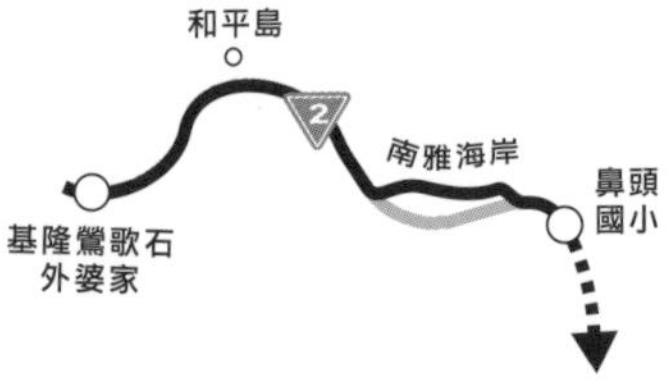

0719

Day 7

晴天

台北瑞芳鼻頭國小
↓
台北貢寮三貂角

前進台灣最東端——三貂角

我和維維輪流喝著啤酒，維維說：「爸，學校老師如果知道我小小年紀喝啤酒，不知道會怎麼想？」

環島的第七天，我們會抵達台灣最東邊的三貂角；今天也是和媽媽約定第一次的補給日，媽媽會從台北開車過來和我們會合。住宿的地方已經安排好了，維維從昨天和媽媽通了電話後，就一直期待今天的到來。今晚，我們都會有一個很舒服的夜晚。

AM 05:50

從鼻頭國小的英語教室踏上操場時，太陽正好打從東邊出來，幾乎接近水平面角度的斜射陽光，將我們的影子拉得好長好長，從這頭一直拉向操場的那一端。

昨晚回學校的路上，我們看到了指示旅遊的地圖板。根據地圖，到三貂角之前若走台2號公路，會經過兩個隧道，這是我們最不想遇到的。我們極不願走進汽車隧道中，空氣髒、幽暗、狹窄又危險。

為了避開公路隧道，出了校門我們便右轉向海邊的釣客小徑步道走去，先沿著像古城牆有著牆垛的學校圍牆，踏著石階走上坡，再轉個彎踏著石階走下岩石海岸。

維維步步踏階地走在有著牆垛圍牆邊的石階上，說：「爸，我們這樣走，好像是在走萬里長城的感覺喔。」

我心有戚戚焉地笑著回應他：「是啊，是有這麼個味道！不過這個萬里長城並不長呵！一下子就走完了。」

AM 06:10

下到了巨大岩塊的海岸，路並不十分難走，平台式的岩塊還算平坦，高度有落差的岩塊也做了台階。這個海岸是一個地質景觀區，景色很特殊，最特別的是，平台岩塊上冒起著一顆一顆的岩頭，在斜射的光線下，有一種遍地是電影《異形》中蛹卵的錯覺。

岩壩邊的淺水處，有些魚和螃蟹，維維看到了十分興奮。「爸，這裡有螃蟹！」他背著重重的背包，就在那裡抓起螃蟹來了。

AM
07:00

通過坎坷不平的地質景觀區，到了龍洞灣公園，我們再沿著龍洞灣邊前進，一路走上了龍洞步道。這條步道翻過和美山靠海的側翼，九點半，我們就走到了西靈巖寺，在寺旁廣場的蔭涼處歇息。

我們在地上的石堆中，尋找自己認為最漂亮的小石頭。維維找的是黑膽石系列，要小而美，經過我們的手汗油脂擦過後，要能閃著細滑的光澤。而我要找的是大小最勻稱、不同質感的小橢圓石。

不多時，我們兩人都收集了一堆小石頭，再來的困擾是，我們掙扎著要帶上路？還是就此放下了？走了七天，我們對裝備的重量開始斤斤計較……最後決定，今天是補給日，帶著走一天，然後交給媽媽帶回家。

AM
10:10

從龍洞南口起步，走在台2線上，令人開始有點心驚膽顫。公路不怎麼寬，只供來回的雙線道上，往來飆著重型大卡車、大貨車還有大遊覽車。

我們決定走在逆向車道上，故意和轟轟而來的重型大卡車迎面相望，這樣可以看得到來車，如果有什麼狀況，比較容易做出反應。如果走在順向車道，重型大卡車從我們背後轟轟而來，刮著強風錯身而去，實在讓我們脊背發涼，極度沒有安全感。

太陽曬得維維不耐煩，不斷從迎面衝來近近地擦身而過的重型大卡車，也讓盡量靠著護欄走的他很不高興。為了讓步行好過一些，於是我對他說：「我們來玩數數樂吧！我們來計時，看看總共會有多少重型大卡車經過？大遊覽車也算，但小汽車和小卡車不算。」

這個遊戲引起了維維的注意和興致，他不再管天熱和走路的煩躁，開始計數，一輛、兩輛、三輛……我呢，便按下手錶的碼錶，幫他計時。

不算還好，一算之下，發現這條公路可真是繁忙又可怕！從開始計數，直到我們在和美公車站旁的小屋休息，二十三分鐘內就有五十五輛重型大卡車和遊覽車從我們身旁呼嘯而過。這還只是我們這條逆向車道上的，順向車道上轟轟跑著的還沒列入計算呢！

想到今天媽媽要開車來補給，維維很擔心，打電話給媽媽說：「妳開車來的時候要小心喔，大卡車很多，不要讓他們欺負妳喔！」因為，我們就眼睜睜地看到一輛大卡車很近地緊跟著一輛速度稍慢的小汽車，閃著大燈、按著喇叭想逼它加快速度，真是可怕！

PM
05:00

下午五點，穿過了卯澳，到達三貂角已是傍晚六點左右，我們準備進行到達台灣最東邊的慶祝儀式了。

在三貂角洋寮鼻的路邊，維維從背包拿出在福隆買的、已準備了半天、曬了一下午依然冰冷的啤酒，高興地說：「我的背包的隔熱效果，做得還不錯嘛！」

我呢，準備好了相機，設定好了連拍，光圈、快門、對焦點全部檢查完畢。這是重要的一刻，我們要開啤酒向天空噴灑慶祝了。

相機觀景窗對準了維維，我慢慢地引導他：「準備哦~準備哦~三、二、一、開始！」倒數聲中，維維將啤酒「啪！」的一聲打開，我按下快門，「卡卡卡卡……」每秒五張的30D相機連拍啟動了，瞬間將這個令人歡欣的時刻全部記錄下來。

我和維維輪流喝著啤酒，維維說：「爸，學校老師如果知道我小小年紀喝啤酒，不知道會怎麼想？」

「維，這是非比尋常的時刻，老師應該會明白的，沒事!不用擔心。」

啤酒並不好喝，維維喝得一臉苦樣，但是，在他稚嫩的臉上，散發一種難得的成就與驕傲的神情。

可惜的是，海尼根啤酒冒的泡不如想像中漂亮，沒有向天空噴灑出來的效果，倒像是一道湧泉。下次，跨過北回歸線慶祝時，要再換一種飲料了，如果用香檳來慶祝，效果不知會不會比較好？

媽媽也來了，慶祝我們到達台灣最東邊，我們拍了一些相片紀念。繞過這裡之後，接下來，就要南進了。

晚上，全家人住在媽媽訂的「醉月山莊」民宿，一進房間，維維便躺在床上看電視，覺得幸福極了。

我將拍攝的照片從記憶卡全部拷貝進電腦，還處理成一份比較小的檔案，好讓媽媽能po在部落格上和大家分享。邊整理邊打瞌睡，好晚了。

今天做完慶祝儀式天就黑了，明天一早得再到三貂角海邊，在那裡，感受一下我們自己的土地和太平洋海水的交會。

維維的悄悄話

我們頂著酷熱的太陽向三貂角前進，在福隆的7-11買了一罐海尼根，要在到達三貂角時「開啤酒」。

我們踏著步伐，往目的地前進。一輛輛重型卡車從我右邊經過，如果你對這種事也有經驗，你一定也知道，當這些滿載的大卡車以時速六、七十公里駛過你身旁，就算不在橋上，地面也會震動，所以不用腦袋想也知道我很害怕。不過還好這些司機都不錯，沒來欺負我們。

當我們走在這令人膽顫心驚的路上時，媽媽終於來了。她要我們上車，但我們決定要徒步走到三貂角。到了三貂角，我從背包拿出海尼根用力搖，然後聽爸爸的指示，把啤酒打開，讓啤酒噴上青天。當然啤酒買來也不只是為了噴，重點是要喝啦！噴掉的不算，我就喝了大半。不過歡樂也有它的代價，我的手被啤酒罐割傷了。

媽媽的悄悄話

見到兒子曬得黝黑，我摸摸他肚子，問他一個問題：「你有變瘦嗎？」（我承認我很變態，哪有人一見面就問這種問題的。）

結果兒子的爹在一旁說：「妳有看過牛變瘦嗎？大象會變瘦嗎？要用跑的才會瘦，像豹子或老虎。」

我們家的經典對話。

即便是走路走得很累了，古怪的幽默感還是不變。

3
飲
1400

行程時間	05:50～18:00＝12h10'
行程距離	約23km
今日花費	495元
消耗飲水	9500c.c.
補充	在龍洞灣公園，我們向路旁的小貨車買了一袋小蕃茄當零食吃，一方面補充維他命C。每天早餐後，我們都會補充維他命，維維口含小善存橘子口味二顆，我呢，則服用克補高單位完整維他命B群及CE一粒，再各自加一顆鈣片，好讓我們的骨質更強健。這是我們環島行程最基礎的保健。而小蕃茄呢，讓我們吃起來比較有口感，比較有樂趣。

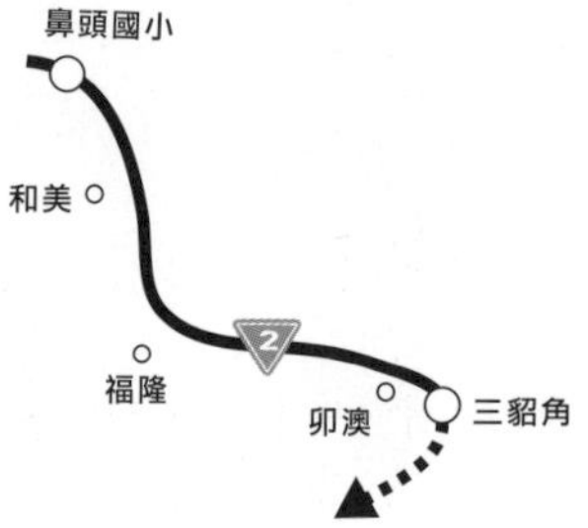

...next

步行的節奏。驚喜

0720

Day

8

晴天

台北貢寮三貂角
↓
宜蘭頭城轉礁溪

如實地走自己的路

我想著出發前許多人對我們這次環島的看法，說：「別人對我們步行環島這件事都覺得特殊，他們需要一些意義，才能滿足這樣的特殊性，如果我們有一種崇高的說法，那麼感覺可能就更棒了。」

今天發生的事情，完全出乎我們意料之外，行程的下半場相當精采，到結尾時再揭高潮，進警局、坐警車、搭火車、媒體記者採訪，最後歸於平靜。

在舒服的「醉月山莊」，大家都起晚了，七點多才下樓吃早餐，對民宿主人有點不好意思，昨夜我們還堅持要他配合早上五點弄早餐，因為我們計畫要趕到最東端的三貂角海岸看太平洋的日出。結果咧，沒有人能那麼早起來，住在舒服的地方，果然會讓人意志鬆懈。

AM
09:15

離開醉月山莊，請媽媽開車送我們到馬岡三貂角的海邊，昨天由於天色將暗，我們只在洋寮鼻的公路邊上做慶祝儀式，而最東端其實是在洋寮鼻和萊萊鼻之間突出的地方。我們踏在太平洋海水和我們自己土地的交會處，海浪滾滾沖刷在平坦的海蝕平台岩塊上，水深淺淺地淹不過鞋。

維維踏步在海水裡走來走去，一面快樂地試著他的Gore-tex防水鞋，一面高興地喊著：「爸，Gore-tex真的不會進水耶！真棒哦！」

媽媽戴著今早在貢寮老店買的斗笠，瞇眼望著海面、吹著海風，享受著太平洋的悠閒。我也戴著一頂斗笠，拍著照片。

隨後全家三人再上三貂角燈塔，遠眺東北角海岸和晨霧迷濛的太平洋。

離開三貂角燈塔時，已近中午，夏天的陽光進入了最毒辣的時刻，我們決定讓媽媽多載一程到可以用餐和休息的地方。在梗枋漁港吃了午餐後，媽媽便揮別而去。

休息了一個上午，再揹起背包時，我內心產生了一點必須勉強自己的掙扎，維維也是。雖然我們都沒說出口，但臉上都顯露出「又要上路了！」的痛苦表情。

PM

02:30

從梗枋漁港到頭城，路途並不長，我們像先前一樣，慢慢地前進。經過了外澳，看到了一幢相當美麗的伊斯蘭式白色建築，我們和它交會而過。

接近烏石港時，我們便離開公路走上北端海堤，踩在海堤走向頭城。洗石子水泥造的北端海堤上，做了許多上了彩色的魚的浮雕，相當細緻，我們小心地避開，這美麗的東西，是怎麼也捨不得踩下去的。而烏石港北堤海邊的沙灘則平坦乾淨，鮮豔的遮陽帳篷錯落，戲水的人不多，但景致讓人很舒服。

「維維，要不要下背包，在這裡休息玩一下？」

維維不想，他只想趕快找地方紮營。

「維，頭城國小應該就在附近，可以不用那麼緊張嘛！」但他還是不肯。

這是維維和我在行程上，始終必須磨合的地方。

維維對美好的景致沒有興趣體會，對他來說，「環島」就是走完行程。所以，維維在意的是，行程走完，然後休息，吃東西。然而對我來說，重要的是體驗自然，行程走不完可以調整，在每個美麗恬靜的地方，我想放慢節奏，沉浸在環境的氛圍中，慢慢感覺，留下影像，這是一種生活。

因為我們父子各自的需求不同，所以，不是他的步行節奏被我的拍照搞得很煩，就是我不得不依著他加快行程，每個地方都輕點而過，心中留下一些遺憾。

PM

05:30

到達頭城已是黃昏，我們逛了一下頭城國小，學校內雜人很多，維維對這個駐紮地並不滿意，但我們也沒辦法再往前走，找尋其他學校了。

我們把背包放在樓梯角落，放上一張紙條，寫著「這是一對父子環島行程的裝備，裡面只有衣物和用品，沒有值錢的東西，感謝您，請勿動」，並留下手機號碼，就輕裝外出覓食。

這麼做時，我們在內心掙扎，會不會回來時東西都不見了？或者東西都被破壞得亂七八糟？最後，我們決定考驗自己對台灣人的愛心，也決定相信我們的社會應該都是好人，並且做了最壞的打算：如果裝備都不見了，那麼，環島行程就結束吧！

出了學校，對面正好是警察局，維維想到媽媽說過：「在部落格中有人留言建議可以住警察局。」維維想要試試。我們進了警察局，詢問當地是否有便宜的住宿地點，沒想到，此後命運大幅轉變。

熱心的警員送水給我們喝，和我們聊天。警員說警察局內規定不能留宿，幫我們詢問了頭城附近的住宿，但沒有符合我們預算的，又打電話到礁溪分局請求協助尋找，終於找到符合需求的旅社，但是必須搭火車到礁溪。

我們問他，頭城火車站要怎麼走？他解釋了一會兒，發現我們對路線依然一臉迷茫，便決定送我們到火車站。

我們高興地回到頭城國小揹了裝備過來，要上車時，在黑暗中發現是警車。維維很興奮，小聲地說：「爸，我們要做警車了耶！」這是我們此生第一次坐警車，很棒！

PM

07:45

到了礁溪，依指示找到了礁溪分局，沒想到已經有一群人，等著見這次提出步行環島的風雲小子，國小才剛畢業的維維了。

警員們和我們聊天，不斷讚佩維維的勇氣和毅力；現場正好有位自由時報的記者郭小姐，也加入了採訪維維；這時手機又響起，一個老同事來電問候；旅社的老闆也來了，要帶我們到住宿的地方。現場真是一陣混亂，直到記者為我們拍了照，旅社老闆才得以帶我們去休息。

維維對小旅社相當滿意，躺在床上看著電視。我問他：「記者都問你些什麼啊？你怎麼回答的呢？」

「就像平常一樣的回答啊！」

我想著出發前許多人對我們這次環島的看法，說：「別人對我們步行環島這件事都覺得特殊，他們需要一些意義，才能滿足這樣的特殊性，如果我們有一種崇高的說法，那麼感覺可能就更棒了。」

維維問我：「有必要嗎？」

「不用，如實回答就好了。」

這次的環島行程，對我們來說，其實沒什麼特殊的大道理。當我對家裡說將要離職時，維維聽了便高興地說：「那很好哇，我們就可以去環島了！」

因為維維有個想這麼做的念頭，於是我們就決定這麼做了。

出發前，有人建議我們可以背國旗啦，或是提出崇高的精神「為什麼而做」啦等等，他們說，那樣就會紅了。

但我們始終覺得，還是忠於自己吧。我們沒有口號、沒有崇高的精神，我們只是有一個這樣的念頭，做這件事，要付出一些艱苦的代價，我們願意，於是我們就去做，以忠於自己的方式、如實地去做我們想做的事。

現在想想，如果當初背上了國旗、喊出了口號，我們變成誰了？在這個過度包裝的時代，那樣做的話，我們還認識自己嗎？

我們在床上聊著今天晚上發生的事。這是維維第一次接受媒體採訪，他好期待這篇報導能夠登出來。

由於這些意想不到的變數和驚奇，旅程開始變得好玩了。

行程時間	8:00～20:10＝12h10'
行程距離	約35km
今日花費	1906元
消耗飲水	未統計
要感謝的人	頭城警局的潘警員協助我們找便宜的住處和載我們到火車站。
	協助找旅社及鼓勵維維的礁溪分局警員們。
	採訪、報導我們的自由時報記者郭小姐。

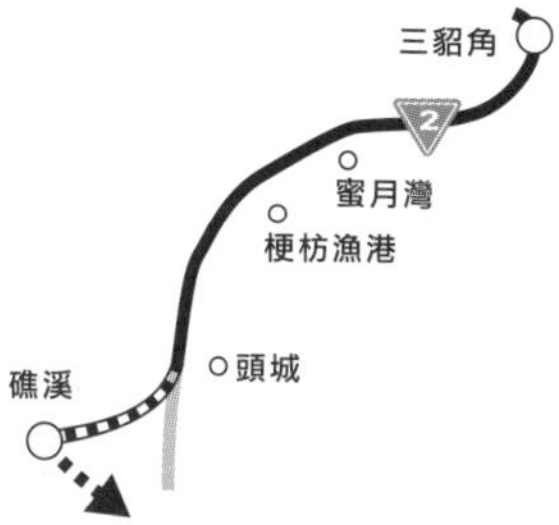

維維的悄悄話

今天上午，一切都很平常，坐車、走路、喝水、排泄，但是，到了下午有了一百八十度的轉變。

我們下午才開始走路，目的地是頭城國小。一路上許多大小車從我身邊快速駛過，但我不再害怕，因為我在專心想事情。至於內容呢？從以前在上學的事、未來的六年一班同學會，以及一堆天馬行空的幻想。在經過許多的幻想化成泡影後，我們到了頭城國小。

頭城國小的教師真不友善，讓我們不太想住那兒。還好校門對面有個警局，我們便去警局問有沒有可以住的民宿。

警員真熱心，頭城的民宿沒有，他就問到礁溪去，還開警車載我們到車站。這是我今生第一次坐警車。當我們到礁溪分局時，正好有個自由時報的女記者，聽到我們要環島而且用走的時候，就馬上來採訪我。這也是我第一次被採訪。

今天還真多第一次。

...next

0721

Day 9

晴天炎熱

宜蘭礁溪
↓
宜蘭五結
利澤國小

陌生的旅程遇到和善的人們

最後，維維深有所感地說：「爸，我覺得，我們走路環島，是最笨的。」

環島行程已經離開台北了，心也是。

一種因地緣上熟悉而安全的感覺不在了，旅行真正的考驗和挑戰，正要開始；從現在起，漸漸有冒險的感受了。

這天從起腳到落腳，沒有公車可以搭，在需要的時候，苦苦地揮手也攔不到便車，就這樣著著實實地走了一天。

依然是如常的公路行程，夏天的烈日，燠熱的天氣，漫長的道路，沒什麼變化的景致，緩慢的步伐，汗濕的T恤，自然而然形成一種無聊而持續的單調。

我把對講機打開：「爸爸呼叫維維……請回答」

「爸，什麼事？」

「沒事，問你感覺怎麼樣啊？」

「哦！很熱啊。」

「維維呼叫爸爸……請回答」

「維，什麼事？」「哦，也沒事。」

在無聊的公路上，這是我們想到的一個樂趣，為了打發步行的無聊，一路上，我們就用對講機來扣呼對方和聊天。

聊天中，維維談起各種可能的環島旅行方式。

「騎腳踏車環島不錯，速度可以變快的，揹的裝備也可以輕些；或者，開車也很好，到處走都很方便，而且還有冷氣；或者，搭鐵路坐火車也很棒……」說著說著，他怕我覺

得他想要打退堂鼓了，趕緊補上一句：「當然啦，我是說以後啦，我們可以用別的方式旅行。」

維維深有所感地說：「爸，我覺得，我們走路環島，是最笨的。」

我對他說：「用各種方式環島都可以啊，只是每種方式要付出的辛苦都不一樣，結果就不一樣，感覺和收穫也會不一樣。」

「現在，你用這種最困難的方式來環島，因為它很辛苦，所以沒有人這麼做。我們一路上看到那麼多騎自行車的，騎重型機車的，還有開車的，但是，只有我們是用走路的，我們跟其他人就不一樣。所以啊，就會有記者採訪你，還有那麼多人關心我們，為我們加油。」

在大太陽底下，維維繼續堅定地走著，沒有說要放棄，我們依然持續地緩步前進。

進入宜蘭，感覺相當陌生。我在台灣活了快五十年了，卻對很多地方都感到陌生。這也是為什麼當維維提出一起環島時，我欣然同意的原因——我們總要親自走過、親眼看看自己生活的土地。

十幾年來，忙碌又長時間加班的上班族工作，讓我們沒什麼機會旅行，最多就是過年時回清境農場的山上老家，問候一年才見一兩次面的父母。

我沒有什麼旅行的經驗，也不知如何因應旅行會發生的各種狀況。這次瘋狂大膽地答應了維維，陪他實現步行環島的想法，對我自己來說，也是一項重大的挑戰。

帶著面對陌生環境的心情，和面對未知行程的冒險感，我以隨時隨地接受任何狀況的態度來面對。離開了心理上有安全感的大台北，進入台灣的鄉下，沒有汽車的隔離和保護，人與人面對面直接接觸，處於因政治操作而族群撕裂的氛圍下，老實說，不會講閩南語的我們，在內心深處是有一些恐慌。

但是，在旅程中總是會遇到好心和善的人，給我們加油支持，並且主動幫助我們。

路上最常遇到的，就是騎自行車旅行的車友們的打氣了，大家都是出來旅行的人，雖然不認識，但相遇時備感親切，總會相互鼓勵、加油。

早上在台2線公路，也遇到一個騎腳踏車當地的阿伯，他用英文很高興地大聲對我們說：「Good Morning！」我們也笑著和他揮揮手。

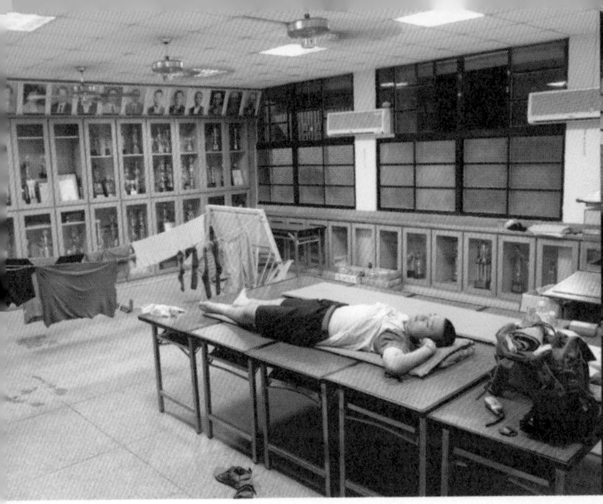

AM
11:00

在要走上一兩公里長的噶瑪蘭橋跨過蘭陽溪時，為了避免走錯路，我們攔下了一個騎著機車、皮膚黝黑的男子，詢問是否走對路了？他除了熱心回答外，還向我們推薦過橋後可以到傳統藝術中心和冬山河一遊。

謝別後，我們緩步走在噶瑪蘭大橋上，有人騎機車追了上來，「嗶嗶」按了幾聲喇叭，便停在我們身旁。是他！那個皮膚黝黑的男子！他說可以分別載我們過橋到傳統藝術中心，好不好？維維搖搖頭，我們便謝絕了他的好意。

接著，他遞出一個塑膠袋。「這是冰好的西瓜汁，你們拿去喝。」我們很感激地收下這瓶1500cc的冰西瓜汁，這對在酷暑中步行的我們來說，猶如雪中送炭。

我猜想，他和我們分開後，便專程騎車回家，拿了冰西瓜汁，再回頭追上我們，想在正午烈日當頭的時刻，載我們一程。看著他離去漸小的身影，我心中充滿了感激。

過橋後，我們躲進有三五個修路工人正在休息吃午餐的遮陽棚下避陽，在他們的好奇中聊了起來；揹上背包準備離開時，他們也好心地塞了一個大瓶結冰的礦泉水給我們。

PM
05:35

傍晚，我們走進利澤國小借宿。校工很好心地讓我們住在有電扇的校史室，還另外打開了大禮堂，讓我們使用裡面的淋浴間。

在校史室中，發現這個國小從一九〇〇年建校以來，已經有一百零七年的歷史了，其中一面牆上，掛滿了歷任校長的相片和各種獎盃。

我們將校史室的桌子拼成了床，在我還洗晾著衣服的時候，維維已經躺在桌上睡著了。

我拿出了紙筆，手繪製作一張「搭便車牌」。因為今天發現，如果要搭便車，不能站在路邊揮手，那樣很浪費步行的時間，搭不到車也會讓人心情沮喪。

我想把搭車牌掛在背包上，有緣份的人看到，自然會停下來搭載我們。

今天深深感受到，這塊土地上的人們，並沒有因為在政治操作族群對立的氛圍下，失去對人單純的愛心及和善。在烈陽下喝著涼涼的西瓜汁和冰水時，我們心中所感受到的，是無比的溫馨。

行程時間	05:30～17:30＝12h
行程距離	約26km
今日花費	962元
要感謝的人	送冰凍西瓜汁的黑皮膚男子／送結冰礦泉水的工人／利澤國小的校工。
補充	我們在噶瑪蘭橋的橋頭筆直望去，跨蘭陽溪的噶瑪蘭橋盡頭十分遙遠，見著一輛輛的重型大卡車，轟轟地往橋的盡頭飛奔過去。我們走上了橋，當重型大卡車颳著強風從我們身後呼嘯而過時，大橋也強烈地搖晃和震動，我們在順向車道護欄邊上小心地緩緩前進，戰戰兢兢地慢慢度過這驚心動魄的時刻。

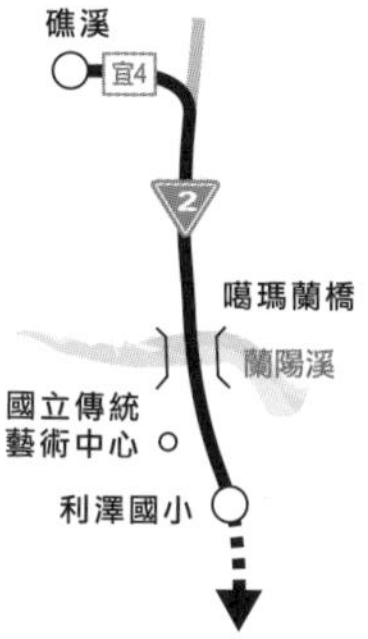

維維的悄悄話

我們頂著太陽一步步前進，往傳統藝術中心走去。走到噶瑪蘭橋上時，有一個老伯送我們一大瓶西瓜汁。下橋時，我們在一群工人休息的地方休息，其中有一個工人聽到我們用走路環島就送我們一瓶結冰的水。到了休息過夜的利澤國小，原本規定要有女性才能住教室，不過有人為我們向校長說謊。

我發現，只要出台北，一切都不同。

...next

0722

Day 10

晴天多雲

宜蘭五結利澤國小
↓
宜蘭南澳南澳高中

意外和驚喜的一天

維維樂得不得了，高興地大叫：「爸，你看！我打很多水漂耶！」又在水裡跑進跑出，也終於如願地在太平洋的海水中游一回了。

旅行中，事情常常無法按照既定的計畫進行，總是偶有意外發生。在第八天晚上一連串的意外和驚奇後，維維對於這趟環島旅程，開始有了一種隨機應變的信任，也開始接受不知道會發生什麼事的各種可能。「爸，我發現我們走路，常常會有很多驚奇。」是啊，就像維維所說的，今天又是個意外和驚喜的一天。

AM 06:30

早上扛起背包走了沒多久，維維就開始跛腳了。他用單腳跳了幾步，揪著臉說：「爸，我小腿很痛，沒辦法走了！」放下背包後，我幫他按摩小腿，情況似乎改善不多，我想今天是不能走路了。

幸好昨天晚上在便利店，遇到國光客運司機，當時靈光一閃地上前問了客運的路線、時間和在這裡的車站。於是我們決定改坐客運，朝蘇澳前進。

沒有昨天那個瞬間說不上的感覺，要自己去詢問一下，今天恐怕得坐困愁城了。

AM 07:35

國光客運的車上空蕩蕩的，沒有乘客，只有我們。車上播放著我母親那個時代的老歌，維維覺得很興奮：「爸，是老歌耶！」我說：「對啊！是奶奶那時候的歌。」他對那首是白光的吧「我等著你回來，我等著你回來……」尤其印象深刻。

因為是陌生的地方，客運行經的路線，自己完全看不出來，對相關的景物也沒有概念，不知是不是坐對車了？我處在一種忐忑不安和焦慮中。

維維倒是很自在，閉起了眼睛像是在休息，對現在的情況處之泰然。

直到瞬間從車窗外看到了港口的模樣以及「蘇澳港」三個大字，我才安心，知道是該下車了。下車後，這輛客車隨即又再回頭往羅東開回去。

再下來怎麼南進呢？我站在街道上，左看又右看，看到了一個蘇澳大飯店的招牌，便進去詢問有關交通的情形。

櫃台的陳小姐很好心、很親切，也很熱心。她幫我們上網查有關客運的服務，並打電話詢問，最後確認了，南進蘇花公路這一段路是沒有公車的，要前進的話，就要坐火車，不然就是開車，或者就是走路。坐火車的話得坐回蘇澳新站，再換車南下花蓮。

PM
12:00

這裡出去的火車班次不多，還有好幾個小時的時間，我們得滯留在蘇澳一陣子。滯留期間，我們小逛一下蘇澳後，便在便利店休息，吃國民便當、寫筆記、傳真、午睡。

此時，追蹤著我們行程已到達東澳的好友小江夫婦正好來電話，聽說我們在蘇澳，便駕吉普車奔了過來。

維維知道小江伯伯來了，十分高興。我心中也覺得：「好棒啊！真幸運！」小江他們來了，今天的交通問題就解決了。

下午的行程便是和小江家人，以及他的吉普車一起度過的。小江對蘇花一帶相當熟悉，像導遊一樣地載著我們東奔西跑。

PM
02:40

他先載我們到東澳泡自然冷泉，冷泉溪流裡都是避暑的人群，上方正好是鐵軌路橋，往來的火車，就從我們的頭頂上轟轟而過，景像十分特殊有趣。

我們穿著衣服泡進冷泉裡，和維維互相潑水，還把他按到水中，他大笑著說：「爸，好涼快啊！」他在溪水裡高興地玩著，一直笑著潑水，展露了十天來難得的快樂笑容。

我拿出為這次行程特地加買的防水相機，潑水拍、泡水拍，樣樣來，快樂的畫面都記錄到了記憶卡中，做為我們未來回憶的鐵證！

接下來我們前往粉鳥林外的海邊沙灘，車上我們一直想：「粉鳥到底是什麼鳥？」直到看見刻著「粉鳥林」巨石上的鳥塑像，看起來像是鴿子，小江太太用閩南語說「昏叫」，我們才恍然大悟：原來「粉鳥」就是「昏叫」，也就是「鴿子」。

PM
04:00

將近下午四點，烈陽的熱度減弱很多。我們走下海灘，這裡的沙灘是粒粒圓潤的小石子組成的，越靠近海水石子就越小。曬過的石子還帶有餘溫，我們將鞋襪都脫了，赤腳踩在石子上，感覺暖暖溫溫、圓圓潤潤的，像是溫柔的腳底按摩，很舒服。

SALOMON

維維樂得不得了，和小江伯伯在海邊打水漂，高興地大叫：「爸，你看！我打很多水漂耶！」又在水裡跑進跑出，也終於如願在太平洋的海水中游一回了。同時呢，站了個不穩摔了一跤，不小心嘗了一口太平洋的海水，皺著眉頭說：「爸，這水好鹹哦！」

前往南澳的路途上，小江對維維聊著他過去常玩的戶外活動，飛行傘、橡皮艇、搖控飛機等等。

維維對橡皮艇特別有興趣，問我：「爸，你覺得如果用橡皮艇來環島怎麼樣？」我猜想，這小子在腦海中又想著軍事突擊隊員划著橡皮艇從海上挺進登陸，十分豪邁的情境了。

PM 06:00

小江送我們到了南澳火車站後，就此和我們告別。我們順利地在南澳高中借到了學校的走廊住宿，放下背包便到街上吃晚餐。

路上看到一個騎自行車環島的旅友，一直在附近繞著，像是在找什麼。原來他一個人騎車環島，正愁不知要睡那裡，便帶他回來和我們一起同宿。

晚間，又有兩個大學生前來投宿，也和我們睡同一條走廊。他們也是步行環島，不過路線不同，腳程也比我們快很多，裝備也少很多，只有身上穿的和換洗的一套，再加件薄外套，如此而已。見他們席地就睡，看來我們的裝備，有睡墊、有帳篷、有炊具算是極度豪華了。

今天玩得很開心，接下來，我們就要面對人人都敬畏的蘇花公路了。

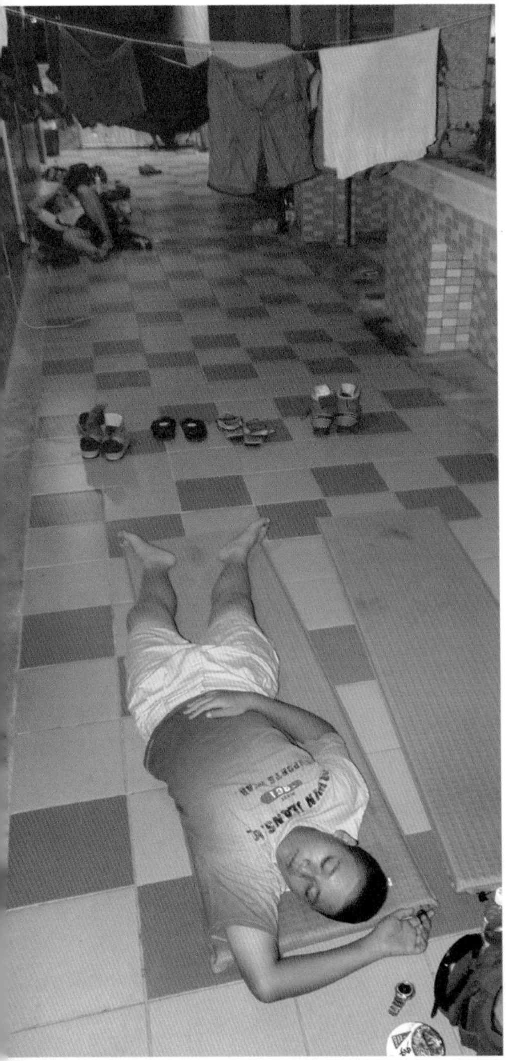

行程時間	6:30～18:30＝12h
行程距離	約40km
今日花費	595元
消耗飲水	未統計
要感謝的人	蘇澳大飯店的陳小姐。
	小江一家人。
	南澳高中的警衛。

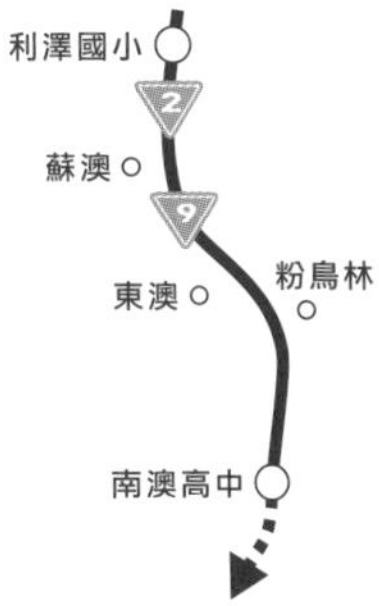

維維的悄悄話

今天我的右腳小腿很痛，痛到不能走，只好和爸爸坐車到蘇澳。車上放著超老的歌，就這樣，伴著老歌我們來到蘇澳。我們在7-11休息，順便寫每天都要寫且傳回的報告。當我們準備要走時，小江伯伯打電話說他在東澳，爸爸便請他過來。過不久就看見他們在車裡向我們揮手。小江伯伯對我們很不錯，請我們吃中飯，帶我去泡冷泉，還帶我們到某一很乾淨的海灘。

...next

0723
Day 11

依然晴天

宜蘭南澳南澳高中
↓
花蓮新城北埔國小

從時光停滯的鐵道小站再動起來

維維突發奇想，提出夜行軍的念頭。「環島就是想要走路，今天都是在坐車，所以想要走到天亮。」我說：「好！爸爸陪你。」

AM 06:20

今天註定了一次悠閒的鐵道之旅。

我們滯留在東部鐵道小站的車站月台上，等著時間慢慢地流逝，等著烈毒的太陽慢慢地減溫。無人的鐵路小站，無人的車廂，生鏽的鐵軌、斑駁的水泥、褪色的等候椅、慢得似乎停滯的時間……

我們停滯在鐵道歲月一段歷史的時空中。

自出發十一天以來，沒有下過雨，我們看見路過的山澗溪流已經枯竭，若要繼續走路通過蘇花公路，水和食物的補充會是較大的問題。

早上和維維一起看著地圖規劃今天的行進路線時，考慮會遇到的公路隧道、重型大卡車壓迫和飲水補給不易的狀況，維維不太願意貿然挑戰這段路程。為了安全起見，我們決定在有公路隧道的路段搭乘鐵路，能步行的路段再用走路來進行旅程。

AM 07:05

我們先從南澳走向武塔，再計畫搭火車。這段台9線的公路很好走，沒有坡道，路上的車流不多，天氣也還不太熱。我們慢慢地向武塔前進，景色漸漸由河流平原變成了山谷森林，走到武塔時才八點鐘。

武塔火車站是一個沒有車站只有月台的小站，我們從水泥板的圍牆邊繞過，走上天橋，下到月台。維維一到月台，下了背包便躺在柱子的陰影下休息。我放下背包後，則拿著相機拍些鐵道的景色。

鐵道場景對我來說有一種莫名的吸引力，但是，我很少坐火車，這一生坐火車的次數，

AM
09:00

十個手指數得完，搞不好連五個手指也數得完。因為我成長的環境是在南投清境的山上，那是個沒有火車經過的地方。

模糊的記憶中，第一次坐火車好像是在國小畢業旅行時，但我也不敢確定，畢竟記憶已模糊到難以分辨是夢境還是真實的了。比較清晰可辨識的，是在大學時和花蓮的同學到他家玩，那時坐的不知是莒光號還是自強號？自己很興奮，看在同學的眼中，可真像個土包子。

在武塔的月台中，不時有列車來去，有時是橘色的R181或R171柴電機車頭，拖著載滿滿的黑色貨箱蹣跚地前進著；有時是藍色的EM512通勤電聯列車輕輕地穿過；有時是橘面銀身的DR2800自強號，有時則是白底橘線的TED1001太魯閣號刮著強風呼呼而去。空氣一點一點地熱起來，維維依然縮躺著，在柱子的陰影下閉目休息，不時從水管中吸取背包裡水袋的飲水。

我帶著興奮感問他：「看到火車有沒有很興奮啊？」我想，火車對每個小孩來說應該都會有種吸引力吧。

維維淡淡地回答：「還好！只是當火車開過去的時候很大聲，會被它的聲音嚇到。」這是可以想見的，維維離月台邊緣的鐵道才區區幾十公分，當太魯閣號或自強號這樣快速的列車通過時，刮起的強風和鐵路的聲響，是會令人感到震懾的。

藍色的普通車來了，停靠武塔月台，我們上了車，車上沒有冷氣，車頂上的電風扇不停地轉著，這是很古早味的車廂。車上沒有什麼人，讓我們有種時空錯置的感覺，像是時光回到了過去的旅程，又帶些詭異的空洞感。

到漢本站下車後，發現原定計畫要步行進入的花澳村在山的另一側，必須進入山裡，地圖上標示有入山檢查哨管制，我們不想冒險進入，於是繼續停留在漢本站，等待往崇德的火車。

漢本車站比起武塔要大得多，除了我們，依然幾乎不見其他旅客，這樣無人又廣大的車站，顯得異常的寧靜和冷清。我們在月台遮陽棚下休息，維維依然席地靠著水泥等候椅斜躺著，我拿著相機拍攝，望著遮陽棚外鐵道盡頭在炎熱空氣中扭曲的景物，等待著時間一點一點地流逝……

PM

12:00

從漢本抵達崇德時正好是中午，太陽正烈，我們還是得等太陽降溫才能再步行上路。只好待在車站裡，躺在等候椅上，靠著背包午睡。炎熱的天氣下還有一絲涼風，讓我們小憩得還算舒適。

在武塔、漢本及崇德，我們各等了一兩個小時，旅行的節奏在這時停滯了下來，連時間也彷彿停滯了，除了不時轟隆隆穿過的列車外，世界好像靜止了一般。

直到下午從崇德起腳出發，這才讓行程開始動了起來。

PM

02:45

我們走上了台9線，向花蓮前進，快四點鐘便走到了跨越立霧溪的太魯閣大橋。五個藍色吊拱和無數紅色吊桿撐起的太魯閣橋，看起來壯闊而美麗，更棒的是它有獨立的人行道，讓我們能以很悠閒的心情走過立霧溪。

走過大橋後，維維突發奇想地提出今天想要夜行軍的念頭。

我問他為什麼，他說：「環島就是想要走路，今天都是在坐車，所以想要走到天亮。」

「好！爸爸陪你。」我支持著說。

於是，我們就一邊走，一邊聊天，聊著看到的開山刀、剝皮辣椒、住宿、旅行、流浪漢、工作、以及行程裡的點滴。維維說：「爸，這次環島，我學到很多東西，對人生應該很有用，可是上了國中應該用不到。」

我應了他：「哦！很棒啊，學到什麼呢？」

他想了半晌，也說不上來。

天色暗下了，路燈點亮了，家家戶戶的燈火也亮了起來，我們持續走在黑夜的路上，直奔花蓮。晚上七點多，飄了一點微雨，一輛載著一家四口的箱型車停了下來，熱心主動地搭載我們到北埔國小，這天的行程和夜行軍的想法就一同畫下了休止符。

行程時間	6:10～20:00＝13h50'
行程距離	約64km
今日花費	872元
消耗飲水	未統計
要感謝的人	開得利卡箱型車住花蓮新城載我們的一家人。今天是步行以來，第一次在行程中搭便車，這家人的熱情和主動，讓我們覺得很溫馨。
補充	1.北埔國小的廁所沒有水龍頭，我們只好利用暗夜的掩護，第一次公然在走廊的洗手台前裸身洗澡。維維一開始不習慣，後來也就自然釋懷了。 2.夜裡被巨大的搖晃驚醒，發生地震了。我們鑽出司令台上的營帳，打電話回家，看看台北有沒有怎麼樣？還好，一切平安。

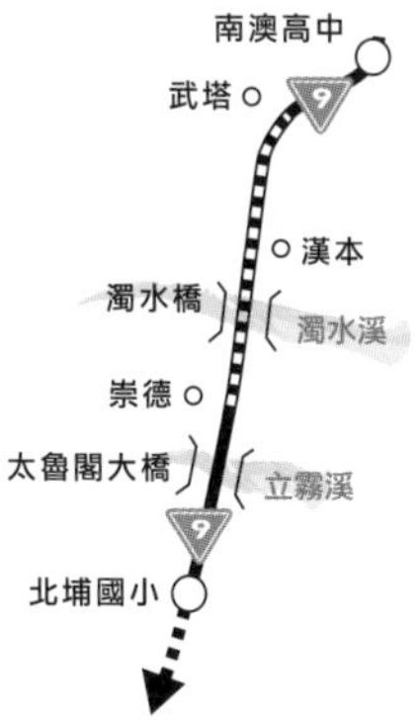

維維的悄悄話

因為今天上午大部分時間在坐車，所以我決定夜行軍。我們三點從崇德車站出發預計走到隔天上午，邊走邊討論行程。

大約七點的時候，有一輛箱型車停在我們旁邊，打開門問我們要不要搭便車。前幾天我們要搭便車，一輛也不停，今天卻有人自願停車來載我們，真是太感謝了。

本來我們是要走到天亮，不過因為下雨的關係，就沒有繼續。大約九點四十多分時，來了一場地震，感覺蠻強的，把我嚇一跳。不過還好我們睡司令台，逃命很方便。

雖然這段路大部分只能靠自己，不過我還是需要朋友、同學的鼓勵才能支持下去。

...next

0724

Day 12

晴午後多雲

花蓮新城北埔國小
↓
花蓮壽豐海洋公園
遠雄悅來飯店

今天就來奢華一下吧

「爸，我一生一定要住一次遠雄悅來飯店。」我問他：「你真的那麼想住嗎？」「這是我人生的願望！」他認真地說。

AM 05:00

天剛亮，我們就在北埔國小的司令台上醒來了。

分頭拆卸了營帳，一一綑好收拾到帳篷包裡，再一一收拾了晾曬的衣服，有些已經乾了，有些還潮潮的。能收入背包的，就依塑膠夾鍊袋，分為T恤短褲類、備用襪類、內衣褲類、洗浴用品類、電器電池類、炊具類、藥品類、雜物類等等，分別收納進背包。沒乾透的毛襪，則用大別針掛在我的背包外，準備邊走邊曬乾。

我們往南出發，預計穿過花蓮市到海洋公園附近宿營。這一路上都是普通的城鄉公路，景色並沒有特別之處，因此，聊天便成為這段行程中重要的主調。

AM 08:00

步行的路上，維維一直在談話，談學校、談同學、談軍事、談武器，談政治、談社會現況、談這次環島步行、談未來、也談一談願望。

當我們從台9線公路轉到193縣道，走到花蓮港外，在一個加油站看到遠雄海洋公園戶外廣告的看板後，維維談話的焦點，就明顯地集中在和媽媽到海洋公園玩的回憶，還有想一住海洋公園山頂上遠雄悅來飯店的願望了。

他的同學住過遠雄悅來飯店，加上環島的住宿相當刻苦，所以當他在談住宿豪華飯店的願望時，便顯得更為熱切。「爸，我一生一定要住一次遠雄悅來飯店。」當然，他想，如果這一次願望就可以成真的話，那就更棒了！

「你真的那麼想住嗎？」

「這是我人生的願望！」他認真地說。

「如果我們住的話，以後就不能住旅社或民宿了，只能全部都住學校。」我對他說，在

環島的預算上，我們有控制一定的費用，這突來的願望，打亂了所有的預算計畫。

「如果今天住的話，沒有關係，我可以忍受以後全部都睡學校。」他看待這個願望的態度既嚴肅又認真。

看他這麼肯定，對於未來五、六個星期都露宿學校，也表現得無怨無悔，我只好說：「好吧！」便打電話給媽媽說明這個突發的狀況，請她找認識在遠雄工作的朋友，看看是否會有些優惠？

決定了今夜要住宿豪華的悅來飯店，並和櫃臺服務人員確認了訂房和預計進住的時間，準備享受一夜奢華的生活後，維維就振奮了起來。

為了能在傍晚準時趕到飯店，我們的步行速度比平常要快上一些，維維也變得比先前更主動及成熟。他開始主動控制時間，在每個補給的便利店，也會評估體力狀況，是否需要補充食物或飲料。我沿路拍攝的習慣，自然也跟著減少了許多。

雖然正在趕路，但是，當我們看到戰機一次次地飛過頭頂時，還是不忘停下來，抬頭欣賞戰機的飛行英姿。

「維，看！是鐵鷹F-16耶！」

維維立刻糾正我：「不是鐵鷹F-16，是戰隼F-16，美國空軍的主力戰機之一！」

做為一個軍事武器迷，他對於這類知識懂得要比我多。

PM

04:10

接近傍晚時，我們將「搭便車牌」掛上背包，希望搭乘便車加快行程。但是走了快一個小時，居然沒有車停下。

直到在接近海洋公園的花蓮大橋上，一輛黑色轎車才停在走在前面的維維身旁，駕駛座旁的女生對維維用英語說：「Where are you come from？May I help yoy？」

維維愣著不知該怎麼辦，我走上前去，看到車內男女的臉部輪廓要比台灣人來得深，英文不好的我用中文說：「我可以講華語嗎？」

他們聽了後，便用中文回答，大家相視大笑，原來都是台灣人。他們本來以為我們是外國人，不是華裔美人就是日本人，因為只有外國人才會在這裡走路旅行。他們本來已經從我們身旁開過去了，看到維維背包後掛著「搭便車」三個大字後，又繞了一圈回頭來搭載我們。

將我們送到悅來飯店門口，他們便轉頭下山而去。

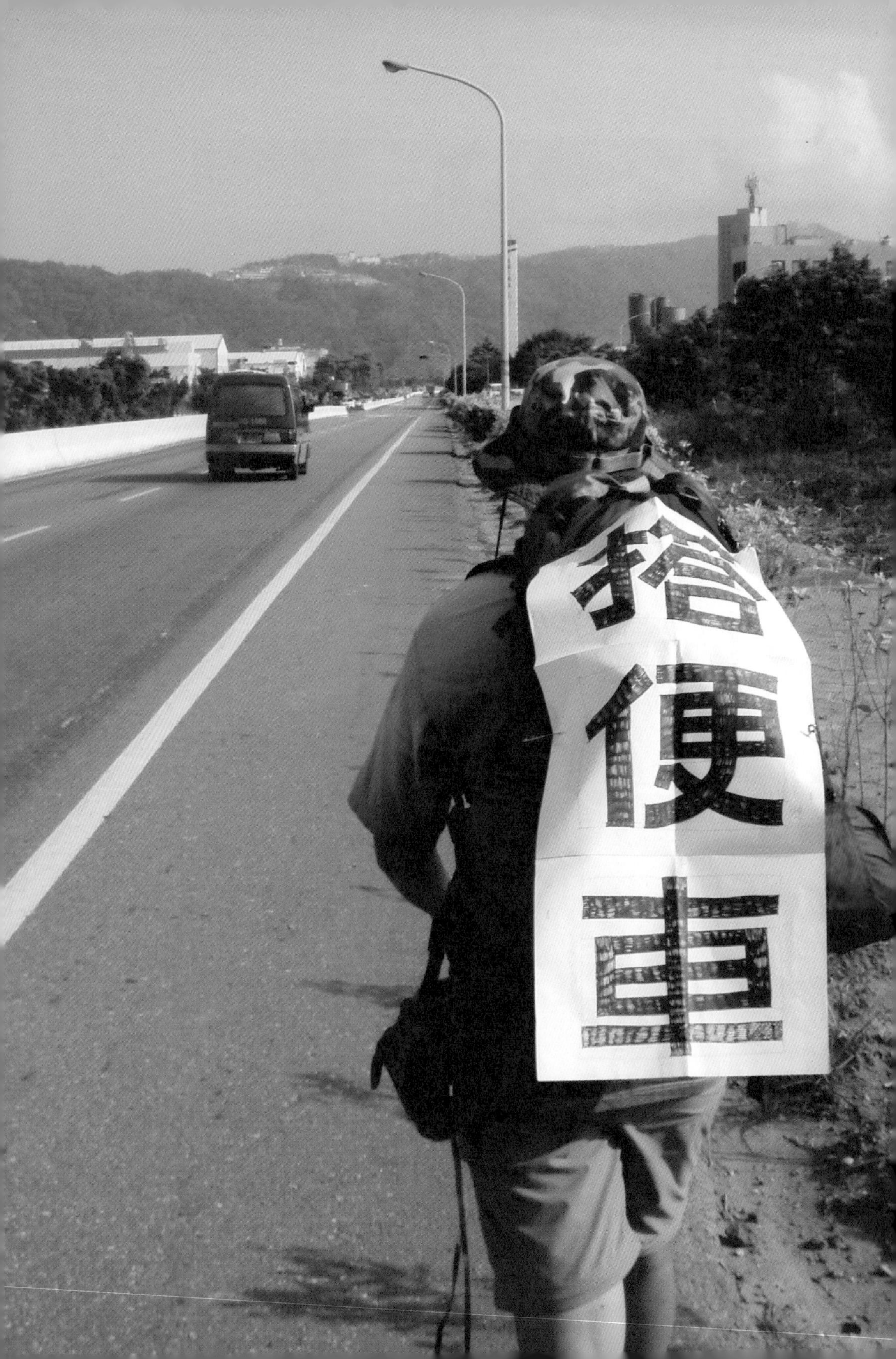
搭便車

PM
06:00

我和維維站在五星級豪華飯店的客房裡，將汗濕的背包丟在華麗的地毯上，維維習慣漠然的表情中掩不住興奮。我微笑著悄悄地對他說：「維，你～有沒有～忘了什麼啊？」他愣愣地看著對他笑著的我，跑過來抱著我說：「謝謝爸爸！」我也摸著他的頭，用力地回抱著他。

他對今天的住宿非常滿意，他夢寐以求的願望，終於實現了。他說，能在這裡住過一次，環島再辛苦也都值得了。

我乘機勒索維維配合拍照。「難得可以住得這麼豪華，來，拍照紀念！」平時要拍他相當困難，總要花些心機來搶拍，這時，他也很乖地配合，讓我拍個高興。

晚上，我們在豪華的浴室，各自舒服地泡了熱水澡。維維裸露著上身，躺在飯店軟軟的床和鬆鬆的被子上，開心地看著電視，心情相當滿足。

今天，就讓我們奢華地過一次好了。

維維的悄悄話

在這趟旅行中，我跟我老爸講了很多未完成的願望，而其中一個在今天實現了。

今天早上我們進入了花蓮市，看到一個看板，上面寫著遠雄悅來大飯店。這個看板讓我想起我的願望，也就是在這飯店住一晚。為了實現這個願望，我請了很多人幫忙，我請媽媽找她的朋友珮綺，因為她在飯店工作，讓我們可以打九折。

為了趕到那兒，我們從兩點半開始急行軍（每小時四公里以上）。當我們走在花蓮大橋上，有一輛自小客車停在我旁邊，車裡有一男一女，女的對我說英文，我以為她是外國人。後來他們好心地將我們送到飯店門口。

我們一下車，就有服務生幫我們把裝備放到行李推車上，走到飯店裡，服務生一樣走在我們後面，我真的有一點不好意思。到了房間，我不是直接躺在床上休息，而是開始翻箱倒櫃，到處看看、翻翻，有抽屜就拉開看看，看到東西就拿出來玩玩，就這樣把整間房間都翻完了。

行程時間	06:30～17:45＝11h15'
行程距離	約23km
今日花費	5926元
消耗飲水	未統計
要感謝的人	幫我們處理訂房維維媽媽的朋友珮綺。
	在花蓮大橋上載我們到悅來飯店的情侶。
補充	1.和悅來飯店的櫃台服務人員聯絡時，他們要確認我們何時會Check-In以及我們的停車問題，我說，我們沒有車，我們是走路的，Check-In的時間可能會不時很準時，但是我們一定會住在那裡，請他們不用擔心；他們相當的訝異並難以置信。
	2.193號縣道行經花蓮港到美崙海濱公園這段，封路做了交通管制，這裡正在辦為期一個多月「花蓮星光大道樂活趣」的活動。我們緩步地從旁邊慢慢經過，所有的攤位都已就緒上線，但是沒有半個人影，烈陽下整條長街的場景，像是一個正在熱鬧活動的現場上，所有的人都瞬間蒸發了，留下一個沒有完結的空景，感覺有些詭異。維維說，像極了一個死亡的空城。

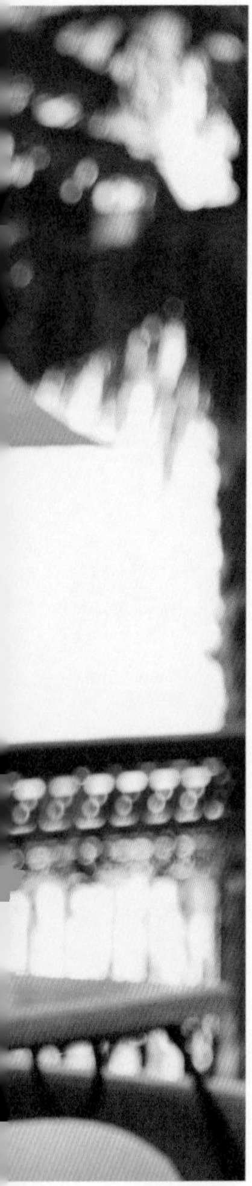

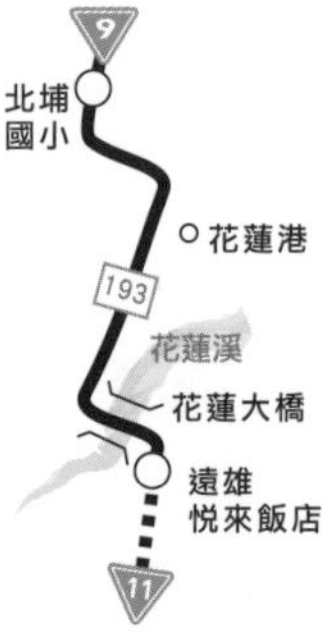

...next

WIN JEANS.C
SINCE
1961

0725
Day 13

晴午後多雲

花蓮壽豐海洋公園
遠雄悅來飯店
↓
花蓮豐濱大港口
石梯坪民宿

接著一天幸福的日子

我們父子倆，誰也不敢說就此放棄，因為十三天來，也沒有什麼太難做不到的事，只是要堅持走下去而已。

我們離開舒適的房間，走過精緻優雅的大廳，下樓到餐廳吃自助式早餐；選了一個靠大落地窗旁可以看到飯店外景色的位置，放下了相機包，便到中央吧台取用早餐。

維維很高興，今天的早餐，是步行這十三天來最棒的，而且自由取食任意吃到滿足為止。他開心地端著盤子，在食物吧旁逛著，一次一次地端著食物回來，愉快地說：「爸，今天的早餐好棒！好好吃哦！」。

我也笑著說：「對啊！」「我們來拍照吧！」便把地圖、手錶、筆記本、相機、餐具、食物等搭配在一起拍集錦照，我們也玩得不亦樂乎。

AM
07:10

一邊吃著早餐時，我們一邊聊天，以及規劃今天接下來的行程，大概要怎麼走？我問維維：「你三叔說會來嗎？」

早上他才和三叔通過電話。「不一定，三叔說有空就來。」

本來用完早餐就該揹上背包上路了，但維維有點意興闌珊，不太想走：「爸，飯店要什麼時候退房啊？」

「一般來說都是到中午。」

「那我們下午再走好了。」他想再拖點時間，看看三叔會不會出現？他三叔在我們從最東端三貂角轉南而下後，就不時和維維說，到了花蓮就會從清境農場下來看他。

也好，退房前，就先來逛逛這個維多利亞式建築造景的美麗城堡吧。

我們悠閒地走出飯店大門，順著飯店旁的步道，慢慢地散步，陽光下的悅來飯店真美。

天氣開始熱了，我們就回大廳坐在舒服的沙發上休息，什麼也不做。

PM
02:30

維維又打電話問了媽媽自己部落格的名稱，我們便在電腦室上網瀏覽，他看到了自己同學以及不認識的人支持加油的留言，覺得心裡很溫暖，也受到了鼓勵。他看著螢幕對身旁的我說：「爸，我現在不想走，可是環島一定會繼續走完，今天只是想輕鬆一下而已。」

午後，我們在大廳要準備上路時，維維試著再和三叔連絡，然後難掩興奮地笑著說：「爸，三叔說要下來了！」

確定三叔今天會到花蓮來看他後，維維更不想走了，斜躺在飯店大廳舒服的沙發上，悠然地談著三叔和他的福斯T5汽車。他知道，三叔來了，他便不用那麼辛苦地走路了。

維維和三叔、堂兄姊及福斯T5，有一些快樂的共同記憶。過去的寒暑假，我們會將他送到清境農場去，讓他和奶奶、三叔、四叔及堂兄姊一起過山中生活。他除了在魯媽媽擺夷餐廳幫忙外，閒暇時就和堂兄姊坐著福斯T5到埔里或台中逛街、逛夜市，度過很多歡樂時光。因此，一想到福斯T5，維維就很快樂。

我們坐在大廳舒服的沙發上，等著他三叔開著他的福斯T5從清境農場翻過合歡山，通過大禹嶺，沿著中部橫貫公路經過太魯閣，轉台11線公路到花蓮悅來飯店來。

當銀色的福斯T5停在飯店的門口，我們把背包放進後車廂，維維一下子鑽到了車上，在後座快樂地坐著，迫不及待地等著三叔載我們一程。

福斯T5載著我們一路南下，走過了計畫要落腳的鹽寮，走過了放牧水牛的生發牧場，走過了另一個計畫落腳的水璉，走過了磯崎海水浴場，走過了親不知子斷崖的隧道，再過了豐濱直到石梯坪，才停宿在鄰近太平洋岸上石梯緣民宿的停車場中。

維維住了一夜豪華的五星級飯店，接著又可以幸福地過一天好日子，加上三叔關心地說：「走不動沒有關係，不要勉強，可以從高雄坐高鐵回台北。」這讓他步行環島的意志，稍稍有點動搖。

行程時間	15:30～18:10＝2h40'
行程距離	約60km
今日花費	1200元
消耗飲水	未統計
要感謝的人	從清境下來的弟弟文印，載了我們長長的一程，把計畫兩三天的行程，一個下午就全部跑完了，還招待了我們豐盛的晚餐，和住一晚很不錯的民宿。

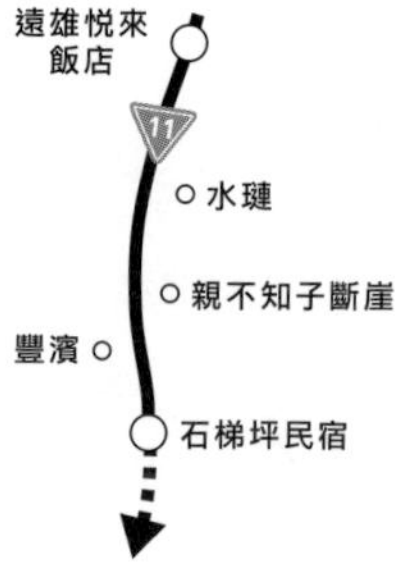

他不時對我說：「爸，我們來改其他的方式環島，比如開車……或者……就搭高鐵回家。」最後，又趕緊再補上一句：「我是開玩笑的。」

我也說：「好啊！坐高鐵回家不錯呀，我也沒有坐過。」最後也補上一句：「你真的確定嗎？」

最後，我們父子倆，誰也不敢說就此放棄，因為十三天來，也沒有什麼太難做不到的事，只是要堅持走下去而已。

維維的悄悄話

今天一大早就醒了，大約是四點（夠早了吧！），不過為了吃自助式（吃到飽）的早餐，我們決定晚一點再出發。我和爸爸很有默契，我們都知道這種自助式早餐要能吃多飽就多飽，我自己就吃了三盤。

因為可以上網，我決定要看看我們的部落格。看到有些同學上去留話，雖然人不多，卻讓我很感動，而且都是女生來留。（沒想到男生那麼冷血）

下午三叔從清境農場下來找我們。他帶我們去一家漂亮的靠海民宿，一進房間我又開始亂翻。不過那裡櫃子不多，翻起來沒什麼感覺。最近幾天住的不錯。

...next

0726
Day
14

晴天

花蓮豐濱大港口
石梯坪民宿
↓
台東東河便利店

一路的溫馨和祝福

一路上，維維說了很多事，他說：「爸，我很高興我不需要尊敬你，這樣，我們就可以像朋友一樣，可以跟你說很多事，不像我同學和他們的爸爸都不能說。」

AM
06:55

黎明時分，我在石梯坪看著海天一片的橙紅，舉起相機，拍下了環島以來，在太平洋上遇到的第一個日出。早餐後，弟弟文印開著福斯T5載我們到大港口，離北回歸線五公里公路標誌的地方，放我們下車。

今天終於要跨過北回歸線了。

我們扛起了背包，我戴上在貢寮小雜貨店買的透氣斗笠，朝北回歸線出發。路上經過靜浦村，看到了一個小賣店，想到跨過北迴歸線時，得慶祝一下。發現店裡賣的會冒泡的飲料，除了汽水、可樂以外，就只剩下台啤了。上次在最東端三貂角慶祝用的海尼根冒泡效果不佳，期待這回台啤會有更好的表現。

從紅色拱形的長虹橋跨過了秀姑巒溪，我們走在台11線公路上，老遠就看到了北回歸線一柱擎天的尖柱標誌。放下了背包，走到尖柱前，維維將啤酒準備好，要重演一次開啤酒噴灑上青天的慶祝儀式。

我將相機設定好，倒數，「三、二、一，開始！」卻沒有按下快門，從相機的觀景窗中，完全看不到台啤冒泡的樣子，一點泡都沒有，啤酒只是從開口處沿著罐身流了下來。本來一心期待啤酒噴灑最high的一刻，但是台啤實在令人大失所望。

我要維維配合一下，讓我拍些紀念照片，他露出不太高興的表情說：「哎喲～太陽那麼亮、那麼熱，好煩哦～還要拍照。」但是，對於能夠走到這裡，他卻很有成就感，打電話給同學，說他現在已經站在北回歸線上了。

北迴歸線
Tropic of Cancer
北迴歸線是北半球看到太陽到達
天頂的最北緯線，就在每年夏至日。
此後，太陽即逐漸南移至南迴歸線，
即為北半球之冬至日。週而復始不斷
在北緯（23°26′）與南緯（23°26′）
兩個緯度之間移動，故稱為迴歸線。
迴歸線的位置並非固定不變。三
千年前巨蟹座（Cancer）曾是夏至點
的所在，所以將北迴歸線稱為
Tropic of Cancer。

要再度啟程時，遇到了大陸廣東省來的旅遊團，導遊小姐體貼我們大熱天走路太辛苦，主動邀我們上遊覽車，搭載了一程送到三仙台。

中午走進成功鎮，熱情的小吃店老闆又為我們加油，我們還在他們的牆上留言簽名紀念。郵局也很好心地，讓我們在裡面吹冷氣避暑，長時間占據寫字台寫旅行筆記。在便利店發傳真時，看到我們的旅行筆記，**7-11**的店員也給我們祝福。

才出了成功鎮，再受到了兩個自行車環島的旅友打氣鼓勵，還攔下了路過的計程車，請司機幫我們拍合照。

PM
06:30

順著台**11**線向南走去，我們在海岸道路的水泥護欄休息時，天色已暗下，入夜時走到了福樟紅檜木屋渡假村。疲憊的我們在用餐區休息、吃晚餐，維維逗著狗狗玩，我們一邊吃飯一邊聊天。

「爸，上次夜行軍沒有成功，今天，我想再來一次。」

「好哇，可是你今天不累嗎？」我渴得一直猛吸著飲料。

他逗著餐桌旁的小狗。「還好，吃飯後睡一下就好了。」

不遠處的用餐區，有幾十個日本人熱鬧開心地用餐。在我們準備小憩一下，以儲備體力挑戰今天的夜行軍時，幾個好奇的日本女生來到桌旁，透過翻譯詢問：「看到你們揹著背包過來，是登山嗎？」

「不是，我們在環島。」

當她們瞭解了我們要用五十天來步行環島，今天已經是第十四天，尤其這個念頭是一個小六剛畢業的男孩提出的之後，她們又驚叫、又鼓掌，還要求和我們合照。

身為主角的維維，面對這群相當興奮、熱情的日本女生，覺得不太好意思，一向喜怒平淡的維維覺得：「有需要這麼誇張嗎！」

維維向來害羞，不容易和陌生人互動，平常情緒的表現就很平淡，只有和好朋友在一起才比較活潑。但是，相較起他的朋友們，依然平淡得多。看到日本女生這麼熱情的表現，心裡覺得實在超級誇張，走路環島又沒有什麼了不起。

PM
09:30

我們在渡假村的長板椅小睡一下，維維很快就睡著了，我則躺在長板椅上，著看天上的月亮和薄雲毫無睡意。

晚上九點半，叫醒維維後，頂著明亮的月光和星星，我們就在日本朋友們的歡呼和鼓掌祝福聲中，走進了黑夜的台11線海岸公路。

我們一直走一直說話聊天，聊他吃飯的習慣都是把飯吃完才吃肉，他說這是享受；聊他的享受和快樂；聊我們家媽媽注重吃、他注重住；聊他的什麼部分遺傳到了誰、可是個性是他自己的；聊他自己還有他的同學……

一路上，維維說了很多事，他說：「爸，我很高興我不需要尊敬你，這樣，我們就可以像朋友一樣，可以跟你說很多事，不像我同學和他們的爸爸都不能說。」

月亮星空下，我們兩個男生，心靠得很近。維維說著說著，問了一句：「爸，會不會走完環島，我們會變成Gay啊？」

「搞不好哦～」我笑著……

一輛警車亮著刺眼的大燈，駛過我們身旁，繞了一圈停下來。「你們是不是環島十四天的父子？」我們愣著不知發生了什麼事，恭恭敬敬地回答：「是。」

警察又說：「前面幾公里處，有一輛車在等你們。」隨後祝福我們：「路上加油！」便又駛進了黑夜中。

PM
11:30

我們依著原來步行的節奏繼續前進，看到了一輛白色轎車閃著黃色的警示燈，停在慘綠的路燈下。走近之後，發現是在福樟紅檜木屋渡假村，遇到幫我們和日本女生們拍合照的陳先生，還有他們家的小男孩。

陳先生住台中，很喜歡旅遊及爬山，這次帶家人及兩個小孩開車到東部旅行。對於我和維維能計畫以四十到五十天來旅行，他非常羨慕，他也想和小孩騎單車環島，但是由於工作的關係，一直未能成行。對他而言這是一個憧憬已久而尚未實現的夢想。

他說，他在登山的時候，先到達的人會熱一些咖啡或飲料，等著後到的人，讓他們享用，這種感覺很好，他想和他的小男孩一起參與我們，在這裡煮一些飲料給我們喝。

我們感謝地就地放下了肩上沉重的背包。

陳先生從汽車行李箱排得井然有序的塑膠箱中，取出了爐具，鍋子、飲水和可可粉包，煮沸了熱水，為大家各自沖泡了一杯冒氣騰騰的熱可可。

我們兩對父子就在月亮、星空和路燈下，各自舉著熱可可，碰杯，相互祝福和加油。夜裡，在台東的海岸公路上，我們心中都滿溢著溫暖的感覺，一對父子向北、一對父子向南，各自走向不同的路程。

維維的悄悄話

今天早上在民宿裡看到了太平洋的日出，紅色的陽光灑在一望無際的太平洋上。用完早點後，三叔開著他的福斯T5送我們到寫著北回歸線五公里的路標下。當然，這次跨北回歸線的慶祝我們一樣買了啤酒，要把啤酒噴上青天。或許感覺起來很沒創意，用跟在三貂角一樣的方式，不過因為上次效果不好，所以我們想重試。

一到達北回歸線，我放下背包，心中充滿興奮，但是因為體力幾乎到達極限，所以我無法以身體和神情表達。我慢步走向北回歸線，手中持著啤酒，聽著爸爸的口令：「三、二、一！」，說時遲那時快，我把啤酒打開，結果，噴都沒噴，連冒泡都沒有！

雖然啤酒沒噴成，不過我打了電話給以前的同學鄭煒樺，以一種帶點驕傲的口氣跟他說：「鄭煒樺，我站在北回歸線上。」

媽媽的悄悄話

我也被熱可可溫暖到了，即便是在電腦前讀到了這件事。

後來得知，陳先生說他在深夜，把車停在路邊為一對既親切又陌生的父子煮熱可可，這麼做是希望他自己的孩子也能夠參與，他要為自己的孩子在心裡種下一顆種子。

真謝謝陳先生，在深夜停下車來，為旅人煮了熱可可。

行程時間	06:45～24:00～04:00＝21h15'
行程距離	約78km
今日花費	790元
消耗飲水	未統計
要感謝的人	遊覽車的導遊小姐、司機和大陸廣東來的遊客。
	台中陳先生和他的小朋友小緯。

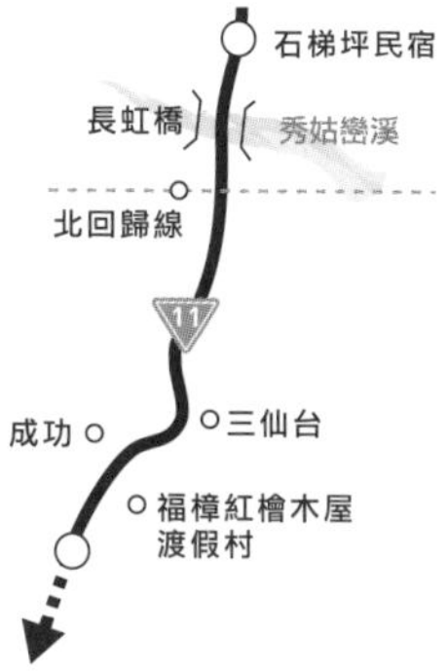

...next

0727

Day 15

晴天半夜下雷雨

台東東河便利店
↓
台東市富岡國小

夜行路上隨遇而安

「爸，我覺得台灣的人都很好噢。也遇到很多好警察，做警察也很棒，可以幫助很多人。」維維說著，將自己未來的志願中，又加入了警察一項。

出發半個月了。第十五天，是在夜行軍的跨步中展開的。維維帶著輕微的腳痛和我走在涼爽的夜路上，我們的腳步較白天輕盈許多，快滿盈的月亮高高地掛著，照得公路亮亮地泛著銀光。此刻天空無雲，但由於明月太亮，星辰也就顯得稀稀疏疏。

AM 00:30

隨著時間流逝，維維開始邊走邊忍不住打呵欠了。凌晨零點三十分，我們走到了隧道口附近，一個已熄燈打烊的加油站，在建築物門前的台階上，放下背包稍做休息。看到維維睏了，我說：「維，你先睡一下，我幫你看著。」才坐在加油站前的階上，脫了鞋子靠著背包，他就呼呼地睡著了。我坐在維維的身旁，脫下厚重的防水鞋，陪著他。和我半醒著的，是不遠處的一隻黃狗，也蜷臥在地上像是守候著我們。公路上不時有汽車飛快地呼嘯而過，我看著他，睡得這麼地放心，這麼地信任，不像先前剛開始環島時，總是帶著些許不安和緊張。矇矇矓矓中，我也打起瞌睡了。

AM 03:30

凌晨三點半，被幾輛停在加油站旁，補充水箱的砂石大卡車發出的車聲和人聲吵醒，我叫醒維維，繼續上路。

這時月亮已經西沉，滿天的繁星開始閃爍，夏夜的銀河在暗黑中閃爍地劃過天空。沒有路燈的公路，漆黑不見五指，我們點著兩盞手電筒，照著不見盡頭的黑夜公路，一直聊著天步行前進。

天色即將泛白，我們走到了台東東河還亮著燈火的7-11，走進店裡落腳休息。

黎明的天色漸漸亮了起來。「維，我想到海邊拍照，放你一個人在這裡，會不會害怕？早餐要不要一起吃東河包子？」

他頭也沒抬，眼睛直盯著書本，應了一聲說：「好！你去。我不想吃包子。」便讓我獨自到海岸邊拍照。

太平洋上的雲層在晨光的投射下，相當美麗。

我拍了晨曦中的海洋和雲天，拍了遠處的孤船和波光，拍了勾勒著金光的黑膽石海岸，也拍了晨光下的田野風景和植物……今天的早晨很美，也是一路以來，拍照最快樂、最沒有負擔的一天。

AM
08:00

我們八點多又開始出發，走在台11線的海岸公路上，向南方的富岡國小挺進。路上遇到了百來人的自行車隊，受到很多人鼓舞的維維，高興地和他們打招呼，一直大喊著「加油！加油！」為他們打氣。

一個多小時後，維維說：「爸，我的腳越來越痛了！」我們在沒有遮蔭的公路旁坐下，脫下了他的鞋襪幫他檢查，昨夜已幫他貼上OK繃避免摩擦的腳趾，水泡更為嚴重，其他腳趾也多出了幾個起水泡的痕跡。

「你還能走嗎？」我看著已經滿頭大汗，又皺著眉頭的他。

他說：「試試看！」

維維忍著痛繼續上路，太陽越來越毒辣，天氣也越來越熱了，他的腳步越來越蹣跚，臉上的表情也越來越痛苦。我們決定放棄步行，在公路旁頂著烈日就地休息，我拿出搭便車牌拎在手上，等著是否會有救援的車輛搭載。

一輛暗紅色的鈴木轎車錯身而過，又開回來停在我們身旁，好心的潘先生載我們到富岡國小的門口，我們今天就在這裡落腳紮營，不再走了。

在學校裡，我們將兩天沒有洗澡的自己好好地洗乾淨。看見腿上和腳上，一黑一白兩種不同的膚色，都覺得好好笑。維維說：「爸，來比比看誰比較黑？」我們便各自伸出一隻腳，靠在一起拍照存證。

換掉了酸臭得受不了快積汗鹽的衣服，在和風徐徐的樹蔭下，我們涼快地寫筆記，悠閒地度過一個下午。

行程時間	08:30～11:00＝2h30'
行程距離	約28km
今日花費	912元
消耗飲水	未統計
要感謝的人	搭載我們送到富岡國小的潘先生。 富岡國小的校工王先生，好心將他的小綿羊機車借我們外出用餐。我載著維維，小綿羊不勝我們兩人的重量，慢速時不斷搖晃著，還軋到了維維的腳，惹得維維不斷說：「爸，你的騎車技術比我還爛耶！」。

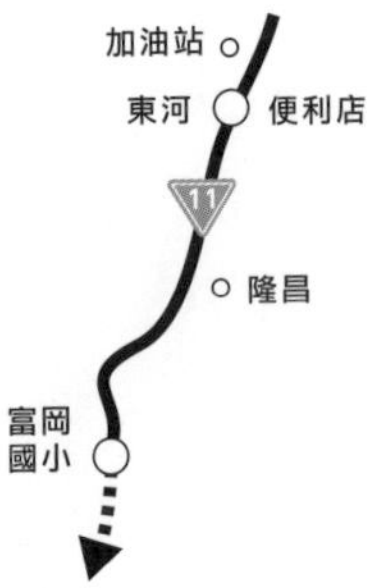

PM
06:30

傍晚，我們一起在小小的富岡漁港隨心地散步。昨天被一路上陌生人的加油、祝福和鼓勵所灌滿，維維很感動地說：「爸，我覺得台灣的人都很好噢。」「也遇到很多好警察，做警察也很棒，可以幫助很多人。」維維說著，將自己未來可能的志願中，又加入了警察一項。

散步回來後，我們一起將教室前走廊的磨石子地板拖得乾乾淨淨、沒有一粒砂子，將睡墊並排放下，在這有點破舊的學校中，不搭帳篷，就放心地露天睡了。

夜裡突然下了一陣大雷雨，雨下得很急，將靠走廊外側的我濺濕了，我趕快將睡墊和裝備移到牆角和維維形成一排，然後，望著十五天來的第一場雨。

維維和我都開始完全地信任了旅行，真正能隨遇而安了。

維維的悄悄話

今天從7-11出發，路上有一隻野狗跟著我們。牠好可愛，總是走在我旁邊，走一下，再停下來「做記號」，不過牠在半路就回去了。

除了有一隻狗跟著，今天蠻平凡的。不過，我發現自己跟出發前有很大的不同。我以前在黑暗的學校中會感到萬分害怕，但自從夜行軍後就不再害怕。以前的我會很挑剔住宿環境，不過當我在加油站睡過之後，我就變得對住宿比較沒有要求。

我發現，只要你在極差的環境待過，你就不會對原本覺得差的地方感到反感。

...next

Day
16
0728

台東市富岡國小
↓
台東太麻里大王國中

天氣晴朗

像蝸牛爬行般的路程

維維放下了紙筆，開始專注地打蒼蠅，打著打著他發現了一種獵殺蒼蠅的樂趣，那種樂趣是他在無聊的環島步行中少有的。

AM
07:20

維維和我各自帶著約十五公斤及二十五公斤的裝備步行，我們就像負載著沉重包袱的有殼蝸牛一般，慢慢地爬行在計畫的路程中。我們的視野被困在這有限的路徑上，我們的體驗也是。就旅行而言，我們的經歷重複而無趣，而且，一直走著城鄉普通的公路實在無聊透了。

一如往常，我們在大太陽下，頭低低地沿著台11線公路前進，在上中華大橋前，飛機咆哮的巨大引擎聲吸引了維維注意。我們移動原本緊盯著眼前十米地面的眼睛，抬起頭來環顧四周，才發現附近是個空軍基地。

登上了中華大橋後，遠遠地看見跑道上一架架的戰機，列隊一一起飛。喜歡軍事武器的維維，相當興奮。「爸！是戰機耶！好多哦！看起來像是F-5E，排著要起飛了！」這是他第一次真實地看到戰機起飛。我也是。由於距離遙遠，我將搭載了70～200mm望遠鏡頭的30D相機交給他，當做一般望遠鏡使用。從相機觀景窗裡，看著F-5E戰機起飛，在空中列隊，回頭，分散，再一一從我們身旁降落。維維太開心了，從來沒有看過這麼多戰機起飛和降落。

我們滯留在中華大橋旁一個多小時，看著戰機重複循環起降後，便在路上慢慢前進，邊走邊拍戰機的飛行英姿，進度很慢。拍到後來，我們對戰機也開始覺得乏味了。在炎熱的大太陽下走過了中華大橋，我們靠在公路水泥樁護欄旁的樹蔭下，放下背包。維維想靜靜地休息一下，但戰機仍在空中一直急速劃過，巨大的渦輪噴射引擎和急速

的空氣聲，吵得他靜不下來，讓維維非常生氣地大吼：「怎麼那麼吵啊！好煩哦！」

AM
09:20

離開台東市，我們無聊地向南走去，整條海岸公路沿路開著一間一間的釋迦專賣店。

「好多釋迦店哦。」我說。

「爸，可惜我們揹著背包走路太重了，到每個地方都不能帶著名產走，可是，我們應該要在當地嘗一嘗。」維維提議。

「這是不錯的主意！」

於是我們買了兩個釋迦，在慢慢前進的路上，怡然自得地各自啃噬著超甜的釋迦，打發無聊的步行。

釋迦的黑籽和花生米差不多大，吐出的時候，先在嘴唇邊上夾緊，再用力吐氣，黑色的種籽就會像空氣槍射出的子彈一樣，飛得又快又遠。我們相互比賽，看誰射得又遠又準。在無聊的公路上，我們又為自己找到了新的樂趣。

至於維維今天最大的樂趣，就是中午到達知本後，在7-11打蒼蠅了。

AM
11:50

在7-11休息時，我和維維各自盯著白紙和作文簿，一直摸著頭，搔弄著短短又有著汗臭味的頭髮，不知要怎麼寫旅行筆記，我們都很苦惱。「寫不出來怎麼辦啊？」偏偏此時又有很多蒼蠅嗡嗡地飛來飛去，不斷地干擾我們。

維維放下了紙筆，開始專注地打蒼蠅，打著打著他發現了一種獵殺蒼蠅的樂趣，那種樂趣是他在無聊的環島步行中少有的。

維維一面打蒼蠅，一面很有心得地說：「我們得想些法子，在每天的行程中弄點不一樣的東西，不然，以後寫筆記會越來越困難了。」

打蒼蠅記，便成了他今天的筆記主題。

環島步行中，對我們來說，最艱難的，莫過於每天要寫的旅行筆記了。

寫旅行筆記這件事的開始，是因為維維的學校暑假作業，至少要交二十一篇日記。

媽媽自己有寫部落格的習慣；我也希望這次的環島旅行能留下一些記錄，可以在後半生

和維維拿出來回憶，而部落格是一個不錯的記錄形式。於是，每天寫旅行筆記，傳真回去給媽媽，媽媽再打字放上網站，這樣的記錄方式也就自然成形。

一開始，我們多半把行程寫得像流水帳，維維有時還只寫少少的一兩句話，媽媽說：「這樣寫有什麼好看的？應該要寫得有點特色和主題嘛，還有，應該要有標題。」因此，寫旅行筆記這件事，也就成為了我們父子兩人在環島行程中，每日必須做的一件作文功課。

PM

03:45

過了知本，台11線公路接上了台9線，路程的景觀和視野依然沒有變化，唯一能讓走路變得稍微有趣一點的，就是再吃一次釋迦了。

走過華源以後，公路漸漸靠近了太平洋的海岸，視野開始遼闊了起來。

已是黃昏的海岸，點綴著幾個旅人和一兩輛休閒車，在海天藍成一色中清新而寧靜。

我們依然像蝸牛一樣持續地緩慢走著，一直到天色暗下，過了台9線四百公里的標誌後，我就在維維的背包掛上搭便車牌，然後再慢慢地前進，等待有緣人停下來，搭載我們到最近的大王國中。

維維的悄悄話

每天的一篇報告對我們來說，越來越難，好像每天都要搞出一些不一樣的名堂才行，但是每天的過程就是走路，渴了就喝水，累了就休息，天氣熱了、天色暗了就搭便車而已。不過今天真的有些不一樣的名堂，那就是打蒼蠅。或許很殘忍，但蒼蠅一多會讓你煩得不得了。也許徒手打蒼蠅噁心又困難，但只要有一個小本子在手，打蒼蠅就像吃飯一樣簡單。

當我們在7-11寫每日報告時，有群蒼蠅在眼前飛過來飛過去，飛上來飛下去，還不時停在我的手或腳上，最討厭的是，這群不怕死的「敢死隊」竟然停在我的傷口上吸食

我的傷口。此時我的腦中浮現了終結這些「敢死隊」的念頭，而我也做了。我拿起了一本小本子，以迅雷不及掩耳的速度朝蒼蠅身上拍下去，「啪」一聲牠立刻血肉模糊。人蠅大戰就這樣持續進行，過沒多久就遍地屍體。但敢死隊太多了，打也打不完，我只好「投降」。

我「投降」後，螞蟻便出來收屍，清理戰場。只要有人的地方就有蟲，沒有人在的地方也有蟲，人永遠不可能贏。

行程時間	05:20～19:30＝14h10'
行程距離	約34km
今日花費	1032元
消耗飲水	未統計
要感謝的人	半路上載我們到知本開得利卡的王先生。
	晚上七點多搭載我們到大王國中開紅色轎車的先生。
	大王國中讓我們住宿舍的替代役先生。

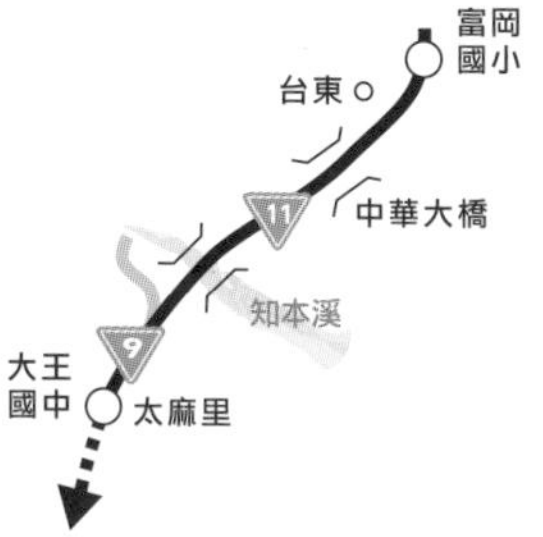

...next

台東太麻里大王國中
↓
台東大武大武國中

大晴天午後陰

0729

Day 17

我們上報了

「爸，有許多人關心和支持，這樣的感覺很好。」我說：「對啊！有大家的支持真的很棒，我們正在做大家都想做的事，他們都為我們加油！」

AM 07:30

在太麻里一大早出了大王國中，維維迫不及待地尋找便利店，翻找自由時報。昨晚從媽媽的電話中得知，我們環島步行的故事，今天將會被報導出來。我們買了兩份報紙，在便利店前廊的休息區翻找著。果然，在自由時報的B5大社會版中，看到了我們的報導。那張在第八天晚上，礁溪警察分局前由記者郭小姐所拍的照片，放得好大，我手裡還拿著維維覺得很醜的大斗笠。

維維相當相當地興奮，對我說：「爸！這是我第一次上報紙，我第一次上報紙！」

「我要趕快打電話給三叔他們！」他難以抑制的高興和快樂完全展露出來。

「好棒啊，我要把報紙留起來！」我說著，把他擁進懷裡。

這一天出發時，我們都還帶著一些疲憊和倦意，但是，看到報導之後，維維的精神變得相當high。離家步行已經十七天了，這篇報導給了他很大的鼓勵。

環島十七天來，走路、喝水、休息、寫筆記，再走路、再喝水、再休息、再寫筆記的生活，說實在的，讓我們都有一些倦意了。頂著大太陽，一直流著汗，盯著灰色的公路，這麼地走著，維維說：「每天這樣走路，好辛苦！」

但是，持續來自三叔、四叔、奴奴、同學、親友、路上的自行車隊、陌生人及部落格上許多留言的人的關心和鼓勵，他說，這些是他能繼續走下去的動力。

我們從太麻里依既定的模式向南前進，除了平常遇見騎自行車的旅友相互打氣加油外，也開始有很多的汽車在和我們擦身交會時，輕輕地按幾聲喇叭示意打招呼，或者搖下車窗，向我們比出V字或豎起大拇指。

AM
08:15

在烈日下對抗著燠熱走路的我們揮手回應，維維說：「爸，有許多人關心和支持，這樣的感覺很好。」

「對啊！有大家的支持真的很棒，我們正在做大家都想做的事，他們都在為我們加油！」「尤其，大家對你小小年紀就想做這樣艱難的事，更是覺得很難得！」

上報後，在炎熱的天氣下走著，維維在疲累的臉色中，一直透露出一種榮耀感。

到南太麻里溪口附近，走過了一家「台灣牛」的飲食店，我們在騎樓下放下背包休息，準備走上進山的南迴公路。這時，有一個中年男子，衝出台灣牛對著我們揮手大喊：「喂！你們上報了！」便帶著報紙跑過來，給我們看那篇報導：「我們正在看報紙，很巧，就看到了你們從前門走過去。」然後，他很熱情地送了我們兩瓶冰水，補充路途上的需要。

休息後，走上持續上坡的南迴公路，轉過一個彎道，看見一間釋迦專賣店。我們向老闆買兩個能現吃的釋迦，老闆從冰箱拿出兩個釋迦，交給我們，然後看著維維笑著說：「真是個小伙子！」他不收我們的錢，說，這兩個釋迦很熟，讓我們邊走邊吃正好。

我們吃著釋迦，繞著蜿蜒的山路走，聊著我們的報導，還有今天遇到的好心人，都讓我們很感動。維維說：「爸，台灣的人真的很有人情味喔！」

「對啊！」我們帶著一種不會閩南語的台北人的惶恐，離開了台北，走入了鄉下，一路來，卻受到很多人的幫助和鼓勵，讓我們更清楚看見並且深刻地感受到，台灣土地上人們的和善及熱情。

我有感而發地對維維說：「台灣其實是一個很棒的地方。」

PM
03:00

午後從金崙出發，台9號南迴公路過了金崙起，便沿著海岸直直向南而下，大部分的路段不夠寬，當兩線來往車輛和我們同時擦身而過時，真的有點驚險。我們只得停下來背對公路，我扶抱著維維，將身體盡量向外靠往公路護欄。重型大卡車颳著大風從我們身旁刷過時，我們還是感受到一陣天搖地動。

不過，沿著海岸走在沒車時的公路上，仍是一件很享受的事。下午的雲層很厚，天氣降溫了許多，吹著太平洋的和風，看著太平洋在地平線上形成長長的球形弧線，讓人覺得心情相當遼闊而寧靜。

行程時間	06:30～18:00＝11h30'
行程距離	約36km
今日花費	763元
消耗飲水	未統計
要感謝的人	路上送我們水的先生／送我們釋迦不收錢的老闆／在南迴公路上主動搭載我們到金崙的友愛自然民宿老闆／主動載我們到大武開銀色TOYOTA的小姐／主動帶我們住學生宿舍的大武國中老師。原計畫要住宿的大武國小已經廢校了，回頭走向大武國中借宿，我們在二樓走廊擦洗著地板，遇到一個老師，他說有適合的地方讓我們住宿，便帶我們到學生宿舍。

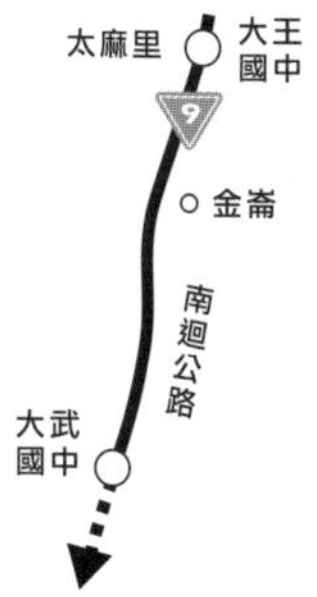

下午五點多，一輛銀色Toyota轎車在我們眼前停下，車上是兩個大女生和一個小女孩，問我們是否需要搭一程？我們說了謝謝，便將背包卸下，擠進了車子裡。

在車裡，維維問我：「爸，你不是說女生不會停下來讓我們搭便車嗎？」

我說：「應該是不會啊，怕遇到壞人呢。」她們便說：「我們有看到你們的報導，看到有兩個人在走路，猜想應該就是你們吧。」

她們很熱心地載我們到大武的警察局，替我們向警察詢問關於住宿的事。我們請警察幫我們一起在銀色的Toyota旁拍了合照，隨後便目送她們繼續奔向屏東。

這是我們搭的第八次便車，在我們的故事見報後，女生主動停下來搭載我們。一路上，我們感受到，人們的距離越來越近了，疏離也越來越少了。

環島的第十七天，我們又是滿滿的感動。

維維的悄悄話

今天我一早就進7-11翻看自由時報，我們的蹤影在社會體育版被我發現，當時我好興奮，在心裡一直叫：「我上報紙了！我上報紙了！我上報紙了！」

我立刻打電話給三叔跟他說：「我上報紙了！」此時我好想立刻打電話給同學跟他們大喊：「我上報紙了！」我好想立刻讓全台灣都知道我上報了！

但因為早上太激動讓我沒什麼力氣走路。有一好沒兩好。

...next

台東大武大武國中
↓
台東達仁下南田民宅

大晴天下午多雲

0730

Day 18

下南田部落的阿伯

我在營帳內，看著像個天使般單純安寧、安心熟睡的維維，同感到為人父母的，誰不希望子女們能一切平平安安，健健康康的呢？

AM 07:00

即將要挑戰沒有公路的海岸古道了。我們的計畫是先到南田找國小紮營，隔天再通過這條在半路上才聽說的捷徑「阿伊蘭古道」（音譯），由台東走向屏東的旭海。

從大武到南田，路程並不長，我們走得很慢、也很輕鬆。無聊的公路上，吃著我倆最喜歡的可樂果，聊天，搞笑，還把在大熱天下擦汗的毛巾拿來一邊走一邊打毛巾戰，一路上維維的笑聲很多。

PM 04:25

下南田位於台東縣最南邊、最尾端，是一個原住民部落。我看著地圖，尋找上面標示的安朔國小南田分校，但是，聽當地人說已經廢校了。我們在應該行經的路上，也沒有看見學校的建築，那裡好像變成了公園。

維維跟著我，一路上不斷地詢問關於可以吃的和住的地方，得到的結果都讓我們失望。原本以為，有村落就會有賣吃的，有學校就會有地方住。但是，似乎兩件事都落空了。

對帶有帳篷的我們來說，住宿好解決，但用餐的問題比較嚴重；一直找不到賣小吃的地方，整個村落看似都沒有賣吃的。

最後，找到一個外省腔重到幾乎聽不懂的阿伯所開的一家小雜貨店，我們問他用餐的事項，他說只有店裡的雜貨。維維對吃還有些期望，不想吃泡麵或乾糧。我們在雜貨店裡走進走出，看了又看，維維始終不滿意。

我和阿伯情商，能不能幫我們做兩個付費的便當？阿伯說他沒什麼菜，如果我們有菜的話，可以幫我們煮。可是，我們怎麼會有可以做便當的菜呢！

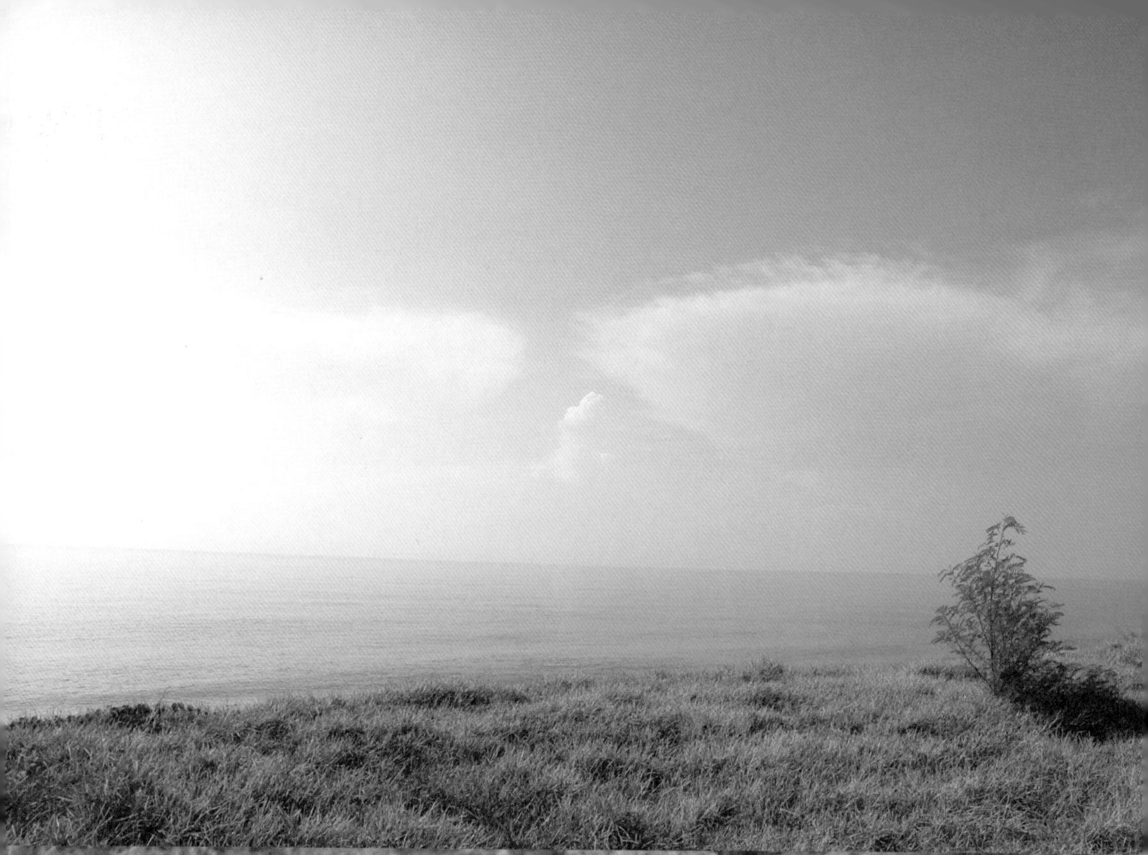

我們吃的問題一直未能解決，維維一直帶著不滿意的臉色，不論問他什麼，他不說好，也不說不好，只說：「你決定。」

對這樣的態度，我有一點生氣，我們沒有達到共識，我不喜歡這樣！就對維維說：「維，你去看看雜貨店裡有什麼可以吃的？規劃出今天晚上、明天早上，還有明天中午需要的所有食物，把它們全部都挑出來！」

最後，我們決定今天晚上煮白麵，配鰻魚罐頭和麵筋罐頭；為明天準備了營養口糧、可口奶滋、果汁飲料、巧克力和泡麵。問過了阿伯，從這裡走過古道，兩、三個小時就到了。我們揹著背包負重，預估四、五個小時的路程，這樣的食物準備應該足夠。

PM

08:30

正當我們架起行軍用的炊具，阿伯認為我們的炊具爐火太小，便準備了瓦斯爐和鍋碗給我們煮水下麵。

我和維維坐在爐前，看著麵在水裡滾著，這是十八天來所吃的最簡便的一餐。我將白煮麵分別用行軍鍋盛好，我們一人一鍋，維維沒有抱怨，邊吃著邊說：「爸，這樣吃也蠻好吃的，只是感覺有點鹹。」然後就全部都吃光光了。因為他已明白實在是沒得選擇。

維維不像我，我的成長過程中家境並不富裕，因此對食物沒有要求，以前吃地瓜、吃醬油拌飯、糖水拌飯、辣椒拌飯、湯汁拌飯……（或拌麵），依然津津有味。維維沒有體驗過像這樣簡單的食物和生活，這趟環島，還真是個給他體驗的難得機會。

餐後，阿伯讓我們在他屋前的遮陽擋雨棚下，搭帳棚宿營，還很熱心地讓我們使用衛浴洗澡。後來又搬來一台電扇，讓我們吹涼。

維維早早便睡了。我見阿伯一個人在門前我們的帳篷邊，吹著電風扇納涼，望著遠處，像是有著心事，便拿個凳子坐到他身旁，和他聊天。

在他像是浙江的濃重口音中，我大概知道，他八十幾歲了，有一子一女，男孩得了精神性的疾病，現在在玉里的療養院；女孩原本念護專，後來轉青年高中，目前在一家工廠工作；太太在上班，晚上九點後才會回來。

他說了很多自己的事，三十八年隨部隊來台，退伍後做漁民，到過菲律賓、日本北海道等地，也做過工人，曾在三軍總醫院的建設中捆鋼筋……我聊起環島行程，當他得知維維才國小畢業，卻長得如此高大，充滿了驚訝，一直笑著在嘴裡唸道：「這小孩才十二歲，長得這麼子！」

也許維維和我的環島事情，和我們的父子互動，讓他十分傷感罷。

我在營帳內，看著像個天使般單純安寧、安心熟睡的維維，同感到為人父母的，誰不希望子女們能一切平平安安，健健康康的呢？

維維的悄悄話

一整天走路有好有壞，好的是我們可以推進比較遠，壞的就是沒什麼可以寫的東西。

今天我們一樣繼續走路，從大武走到南田，一整天除了休息就是走路，所以我和爸爸都知道要搞些不一樣的，才寫得出東西。

一路上爸爸和我像瘋了一樣，拿毛巾打架，說笑話或是做一些無厘頭的事，大概本來要讓我們搭便車的人看見我們瘋瘋癲癲的都不敢來了。

行程時間	7:00～17:00＝10h
行程距離	約14km
今日花費	500元
消耗飲水	未統計
要感謝的人	下南田部落的金阿伯。

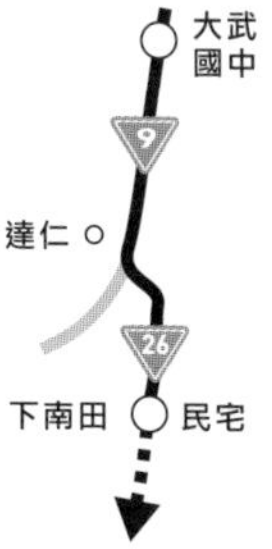

...next

0731

Day 19

晴天夜晚大雷雨

台東達仁下南田民宅
↓
屏東牡丹旭海我家民宿

沒有路的山徑古道

他開始擔心了，問我：「爸……我們出得去嗎……？」我擁抱著他，很堅定地輕輕對他說：「不用擔心，一定沒有問題的。」

AM
05:00

才五點，我們就扛起背包出發了。今天要走一段沒有公路的古道，到屏東旭海。

黎明時，走著未鋪柏油已整平的施工道路，接近海邊，在正在施工還裸露著鋼筋的橋樁前，太陽漸漸升起，太平洋的晨曦依然一片橙紅。

持續往前，一直走到豎立了兩棵巨木做主幹，有點像似《侏儸紀公園》的柵欄大門擋住了去路，維維和我便從邊緣繞過，走了進去，發現幾間屋子，我們大喊了幾聲：「有人在嗎？」卻沒有人回應。看來是沒有人了，只有一大群狗，不斷地對著我們狂吠。

我們試圖穿過這裡找尋通往海邊的路，但是，始終沒有找到路的痕跡。於是回頭走向柵欄大門，再走過鬆軟的沙土和硬刺的雜草，到達海邊的土丘。從近而遠地掃望過海灘，南田鵝卵石的海岸，到了遠處就被岩石峭壁所取代，看來從海岸是過不去了。轉身望向背後的山邊，隱約可以看到有路沿著山脈進入的痕跡。

從路途上朋友那裡聽來的資訊，加上現場的環境來判斷，台東跨向屏東有兩條路徑：一條走海邊，得趁著退潮走過，有人說要三小時，有人說二小時就可以；另一條走山徑，聽說是早期走的路。

在台東多良火車站前的公路上，遇到一個曾經走過這條路的人，說是四小時就可以翻過觀音鼻山，但有一段路需要拉繩索，不過繩索已經有人綁好，只要攀繩而過就可以了。

我和維維對望，問他：「維，你覺得怎麼樣？」

「我也不知道，看你啦！」維維搔著他的美國大兵頭說。

海岸的路看起既然不能過，我們也不知道潮汐什麼時候會退下；另一邊山徑的入口處就在那道柵欄大門旁邊，而且看來並不難走。

AM 07:00

我對維維說：「我們走山路好了。」於是再折返回去，走向山徑入口。

早上七點鐘走進山徑的入口後，發現路上的草還蠻長的，會割到短褲下裸露的雙腿，我們便找個樹蔭處，放下背包換裝。維維將他的褲腳接上短褲，再打上防水綁腿；我也打上了兩層綁腿，一層包覆小腿，一層保護大腿。

入山前，我們各幫對方拍了一張照片，做為挑戰這條古道入山的紀念。

剛開始的道路還算好走，雖然野草及膝，但是，還看得出車輛壓過的溝痕，有車走過的路，對我們來說相當安心，沿著車道走就不是什麼問題。在我們暫歇換裝那裡的樹枝上，也綁著登山客走過的路條。我們帶著輕鬆的心情上路，一切都在可接受和預測的狀況中。

隨著往山上越走越高、越來越深入，路上的野草漸漸變成了比人還高的芒草，密密地長著，其間還長了小型的樹木和有刺的植物。維維跟在我的身後，一步步穿梭在高過人身的芒草林中，依然沒有感到害怕，甚至覺得有一些冒險和刺激。

為了避免被蛇咬，陷在荒山野外呼救不靈，我拿出維維的折疊小刀，為彼此各砍了一根樹枝做為手杖，一方面用來撥開野草、芒草、樹枝闢路前進，一方面也用來打草驚蛇。途中不時地在樹枝上找到台北縣野外育樂協會白底紅字的路條，知道曾經有人走過，便安心地大膽前進。路雖然難走（應該說是找路走），但我們還是很有信心，一步一步地往山頂上攀升。

隨著芒草及植物長得愈來愈密，已經看不出路徑的痕跡，維維不時問我：「爸，有沒有路啊？」

我的腎上線素高漲。小時候在山裡長大，在芒草森林穿梭玩捉迷藏的情景，在我腦海中重現。我很熟悉芒草，我可以找到路徑！我對維維說：「維，你跟著我，別擔心！爸爸小時候常在這種芒草裡玩，芒草林會有隧道，我找得到路。」

有一段路我們走進了森林，芒草漸漸被林下的耐蔭植物取代，走起來不難，卻很難辨識路是否還存在？維維一直很信任地走在我的身後，而我卻不知是不是能信任自己？

這條山路弔詭的是，它在開始時，讓我們覺得並不難走，引誘我們深入；當我們在高過人身的芒草林中穿梭時，它又不時給我們一段柳暗花明、只長著低矮野草的開闊路徑，以鬆懈我們的警覺。

我們不知不覺地越來越深入，直到整個山徑都被芒草和植物密佈，看不到路徑的痕跡。現在，只有我們父子，身陷在山林裡，對這個路程、山勢和地理環境都不清楚，也完全沒有登山的經驗，我們陷入了進退不得的未知困境中。

就在乾糧和巧克力漸漸吃完、水也喝得所剩無幾時，維維累了。

我們在一個稍微空曠的樹蔭下休息，滿地的大黑螞蟻爬上了背包。一邊拍著螞蟻，維維問我：「爸，我們還有多久可以出去？」困在超過人高的野草林裡，我不知道，但不能讓他擔心，我說：「應該很快了。」

手機完全沒有訊號。對講機有電，但是通訊長度和頻道不知是不是能夠有用？我們帶有軍用鎂塊，若有需要可以燃燒樹枝，製造狼煙；媽媽和小江都知道我們挑戰這段古道，如果我們沒有出去，他們會設法報警營救。經過評估，情況不致絕望。

我們帶了營帳，還有泡麵，可以在山裡撐個幾天。但是，水可能是個問題。

維維計算了一下水量，他背包內前後灌了2000cc的水袋已經吸乾了，我這裡5000cc的水，也只剩下了1000cc。他開始擔心了，問我：「爸……我們出得去嗎？……」聲音裡帶著一些哽咽，眼眶泛起了淚水。

我擁抱著他，很堅定地輕輕對他說：「不用擔心，一定沒有問題的。」

這時候，陽光更烈，而我們都有些餓了。

將一部分的飲水分裝到他的水袋裡後，我們得繼續找出路，我說：「沒有水，沒辦法泡麵，我們還是努力前進吧！」

我們又進入了野草林裡，野草又將我們吞沒在這荒山之中。

「維，你抓住我背包後面的帶子，不要鬆手，我帶你出去！」維維拉住了我的背包，跟著我，在野草及樹林中穿梭，汗水不斷地從我們臉上滴下，手臂上也被野草荊棘割出一條條的血痕。

困在荒林中怎麼也找不到路而發愁時，一發現樹枝上白底紅字的登山路條，或在野草裡看見有人丟棄的塑膠袋，我們就為自己歡呼：走對路了！快出去了！

路上行經過了幾個山澗，都已乾涸，完全沒有水，沒有辦法補給飲水。不知過了多久，我們已不想去計算時間，只想在水用完前，能走出這條沒有路的古道。

我在心裡告訴自己：我一定要將維維帶出這座山林！

PM
04:30

就在鑽出野草縫隙的一刻，我看到了一個山澗，立刻興奮地大聲對維維說：「維！我發現有水了！」

山澗溪水潺潺地流著，我們看著清澈的流水，好感謝！也好感動！水清到可以看到小魚及小蝦，「有魚蝦的水，人就可以喝！」我說。於是將寶特瓶放入水中灌滿，我咕嚕咕嚕地就先喝了一瓶。

時間正好正午，我們就在這裡休息，放下了背包。

「有水就能煮麵！」我們太高興了！在我煮麵的時候，維維快樂地在溪水裡抓螃蟹，高興地說：「爸，我們要不要也來煮一點螃蟹啊？」

我看著他手上的溪蟹笑著：「這麼小一丁點，還不夠塞牙縫呢！」。

再起步時，路好走得多，草也不像先前那麼高，汽車輪胎壓過的溝痕慢慢再度可以辨識。我們以為快走出山了，沒想到，又一直繞過幾個山頭，才在路邊遠遠地看到海岸和山下的道路。維維被這段路折磨得快失去耐心了。

當我們終於走出山徑，看到一間空屋，在棕櫚樹旁，維維杵著樹枝手扙語帶哽咽地說：「我們終於走出來了！」「我好想哭哦～可是……累得哭不出來。」

「兒子，你好棒哦～」我抱著他，摸著他汗濕的頭。「我們來拍照留個紀念吧！」便拿出紙筆，寫下日期時間和一段文字，把相機放在背包上，設定了自拍，拍了合照。

走出古道的快樂持續不了多久，我們又得往前走，沿著海邊的石頭路前行。走了很久，希望能遇見村莊，我們好累了。

路上終於遇到了一位騎機車的海巡隊員，他將維維先載到哨所休息，隨後我也走到了。

我們在哨所前休息，海巡隊員載維維去買飲料。他買了十幾罐冰涼的甜味飲料回來，我坐在階上一罐一罐地喝，滿足了今天許下的願望。

休息後，我們便朝向旭海不遠處的村落走去，要再幫維維完成他今天的願望。

當我們困在只見天空的荒山裡，又累又渴，維維說：「走出這座山，希望能住好一點，也吃好一點。」我說：「我只想喝甜味飲料。」……

維維的悄悄話

這是環島路程中最難走的一段路。我們為了減短路程，靠海邊走，所以我們翻過觀音鼻，直接到旭海。

那段路有些路段根本不算是路，只是被人走過而已。

我們父子決定不要走公路，要來挑戰這條古道。一大早就出發，帶著5100cc的水，還有四條巧克力、兩包泡麵、三包乾糧上山。聽阿伯說走那條古道只要兩個小時就到旭海，結果我們走了七個小時。剛上山還好，有比較明顯的路，到了山中，連路都分不清楚。還好有之前登山隊的路標指引我們。有一段路幾乎沒有路標，我又餓又累，快到達絕望邊緣，可是這山中只有我們，沒有別人，我們只能一直走下去直到走出山。

我們在林中一直走一直走，有一個東西讓我們的精神突然好起來，是一條小溪。

爸爸把背包上早已乾了的水瓶拿出來裝水，我們在那裡煮泡麵休息。當你沒有東西可以吃時，泡麵會變得很美味，對當時的我來說，泡麵可比美山珍海味。

下午下山的路程就比較簡單一點，一出山我感到無比的高興與感動，我這輩子不會再進去了。

媽媽的悄悄話

小子一大早打電話來，說他們開始走古道，路看起來狀況不好，他們會隨時打電話來。近中午，我遲遲沒接到電話，開始擔心，這才發現，他們收不到訊號。

這個擔心一直到下午四點解除。報平安的電話裡，小子說，晚上走很不安全，因為沒有路燈。我的兒子從小怕黑、很需要安全感。晚上入睡往往要人陪著他，一直到五年級。

他的日記裡寫著，自從睡過加油站他不再挑剔住宿品質；自從夜行軍之後不再怕黑。

我的兒子長大了。

或許是因為聽到兒子背負著十四公斤的背包走完古道，於是我也決定要去做一個新的嘗試：跟朋友一起去體驗衝浪。

行程時間	05:00～18:00＝13h
行程距離	約22km
今日花費	2180元
消耗飲水	未統計
要感謝的人	旭海的海防隊員／我家民宿老闆娘。在旭海街上，我們住在一家名叫「我家民宿」的民宿，品質還不錯。老闆娘借我們機車去吃晚餐，原本晚餐後要去泡溫泉的。但是下起了滂沱大雨，我們冒著雨騎民宿老闆的機車回去，全身濕透，就此洗浴，泡溫泉這事，就作罷了。
補充	回來後查詢資料，這段古道的名稱是「阿朗壹古道」，路線和我們走的這條山徑不一樣，還有我們把古道的名稱也搞錯了。這條山徑是什麼路，到現在我還是不知道。

...next

0801

Day 20

晴天多雲

屏東牡丹
旭海我家民宿
↓
屏東滿洲
九棚九棚國小

AM
11:50

令人感動的颱風受災戶

那些肯停下來幫助我們的，也都是開著普通或者舊舊的車子的人；而開著豪華休旅車的人，老是從我們身邊快速地呼嘯而去。

今天只要走到九棚國小就好了，明天我們還要挑戰一段台26線沒有公路的海岸到佳樂水。從旭海到九棚，路並不長，我們也不想多趕路，直到上午十一點多才開始出發。輕鬆地走著這一段沒有人家，沒有分線道，也沒有什麼車輛的台26線公路。一路上我們用原住民腔調、台灣國語腔調、廣東國語腔調、外國人腔調和爺爺的雲南話聊天，不時夾雜著相聲的台詞無厘頭地胡鬧和搞笑，不然就打起毛巾戰。

我們有點「肖肖的」，但又很快樂。

我想起國中時和原住民同學學會的一首山地歌《白米酒》，「維，你要不要聽聽看？」維維應了好，於是，我就用胡德夫式的唱腔，很大聲地唱：「白米酒，我愛你，沒有人能比你強……」「……為了你墮落，你真教人多麼地可恨……」在副歌的部分，我更是卯起勁來豪爽地唱著：「……一杯一杯，我不介意，沒有人能夠阻止我……」歌聲中，我真正蛻去了數十年職場生活的束縛和壓抑，回到了自己的純真時刻……有一種不能言喻的舒坦……

路上我和維維不停地聊天搞笑，不時我就會大聲來上一句：「一杯一杯，我不介意……」維維聽了就大笑著說：「哎喲爸，你很吵耶！」

維維想實驗一個搭便車的遊戲，並不是走不動想要搭便車，而是想要看看到底有什麼車會停下來載我們。我們沒有掛上「搭便車」牌，而是維維想用手招車。

一輛鈴木休閒吉普停下來，一群剛畢業的警校女生在路邊和我們聊天，對於維維小小年紀的志氣和步行環島，相當佩服；我們也覺得她們充滿了快樂和助人的熱忱。但是，看

拓荒者
麻吉
5166

PM
03:10

看我們的裝備，再看看坐滿了五個人的車子，我們便放棄了。一輛CRV也停了下來，也是塞滿了全家人，也因為坐不下而作罷。

慢慢地走到港仔的地方，我們在一個小雜貨攤旁的樹蔭下稍做休息，買飲料解渴。小賣店老闆不收我們的飲料錢，還和我們一直聊天，對於維維一直讚賞有加，維維則一直害羞著不好意思。

有個躺在長板上休息的人也不時加入我們的對話。在談話中，我們才知道九棚國小也已經廢校了。他說：「沒有關係，我住那裡，可以帶你們過去。」原以為他是住九棚國小附近，沒想到他就住在國小裡。因為颱風把他的屋子吹垮了，他們只能住學校教室。他遞給我一張名片，他姓姚，目前，他有一輛吉普車，名字是麻吉車隊，在九棚沙漠上，帶遊客玩沙。

PM
04:10

傍晚坐著姚先生的吉普車，跨過九棚的沙漠地段，進入了九棚國小，發現這裡住了許多人家，都是颱風的受災戶，每戶人家就住一間教室。這個景象給了我相當大的衝擊。我們在他家中用了晚餐，和他們一樣用學校的廁所洗澡、洗衣服，他們還熱心地教我們用全校僅一部的洗衣機脫水。

我們將營帳搭在學校的司令台上，維維在營帳中呼呼地睡著了，在暗夜裡，隔著操場的一段距離，我望著對面的教室，每間教室窗戶亮著燈光，每間教室就是一戶人家，心中有著一股說不出的感慨和感動。

這樣的生活，感覺像是我小時候過的眷村生活。有一群共同經歷了生命磨難的人，住在克難的地方簡單落戶，大家相互合作，為水、為食物、為生活努力，同時，卻又充滿了熱忱地幫助需要幫助的人，沒有什麼目的，也不需什麼理由，只是出於自然，只是出於單純的心。

就像已逝去的父親，在清境還不像現在那麼有名、那麼熱鬧，還是退伍榮民在偏遠山區裡安家落戶墾荒度日的所在時，他便常常帶些旅遊落難的人，在家裡用餐、洗浴、住宿，不為什麼，只是因為有人需要幫助。

行程時間	11:55～16:25＝4h30'
行程距離	約15km
今日花費	585元
消耗飲水	未統計
要感謝的人	九棚國小麻吉車隊的姚先生。
	港仔雜貨攤請我們喝飲料的老闆

二十天來，那些肯停下來幫助我們的，也都是開著普通或者舊舊的車子的人；而開著豪華休旅車的人，老是從我們身邊快速地呼嘯而去。在台灣較底層的人們，充滿了對人自然的愛心；而富裕的人，多半想著自己。

雖然這樣的想法可能偏頗，卻是自己二十天來切身的經歷和感受。

在這樣只有幾聲狗吠的夜裡，我想著小時候山上博望新村的生活，想著去世的父親……也被姚先生他們的幫助而感動著……

維維的悄悄話

今天我們遇到沒有太多力量但會幫助人的人。

往九棚的路上沒什麼車，但我知道還有很長一段路，所以想攔便車。第一台停下來的是CRV，但車上載滿，我們不好意思去擠，只好放棄。

後來，來了很多有來頭的車，像是BMW，這些開名車的人，不管我招手招得多用力，他死都不停。最後我們靠著自己的力量走到了九棚。

我們在一家雜貨店歇腳，遇到一個開吉普車帶客人玩沙的教練，他載我們穿過九棚大沙漠，到九棚國小，也就是他家。他全家是颱風受災戶，學校裡也有其他受災戶。那位先生也請我們到他家吃飯。

有能力幫助人的有錢人不幫助需要幫助的人，沒有太大的能力的人卻會幫助需要幫助的人。

...next

屏東滿洲九棚九棚國小
↓
屏東滿洲港口茶民宿

晴天下午多雲轉陰

0802
Day 21

AM
05:15

超過了預期的壓力

幾次回頭看他，只見他默默地走著，強忍著眼淚。我一問他：「感覺怎麼樣？」他只說了「我壓力好大……」，便忍不住流出淚來。

經過「阿伊蘭古道」艱困的洗禮，我們對台26線未開發的這段海岸慎重以對。昨晚在九棚國小，睡前就已經準備好了食物，八寶粥、餅乾、巧克力、泡麵以及7300cc的飲水。

從陸續問到的資料拼湊得知，這段約十公里長的海岸全程都可以通過，不必看海洋潮汐，但是有很多大石頭。九棚的姚先生說，這段路幾乎是跳著石頭走的。我們計算以時速兩公里的速度前進的話，大約五、六個小時可以通過，當地人則說只要四小時就可以走完。

離開九棚國小時，太陽還沒有升起。

花了兩小時，我們從九棚走到沒有車道的海邊，七點鐘時，在公路盡頭的土地公廟前，著裝打上了綁腿，合掌向土地公祁拜保祐後，就往海岸出發了。

我們信心滿滿，樂觀地認為只要六個小時便可以走出海岸，下午一、兩點到達佳樂水，然後再前往港口茶村。

進入了海岸一開始的確很好走，雖然是一條滿佈石頭的路徑，但仍然有人跡可循，圓扁的石塊將小徑鋪得平整，走得相當順腳。

維維和我經歷過「阿伊蘭古道」那種不知身在何處的芒草叢林後，這段路對我們來說真的是太好、太幸福了。

我們開心地走著，無厘頭地搞笑耍寶，沿路笑聲連連。

AM
10:00

走到一座廢棄的軍營，我們便在蔽蔭處放下背包休息。肚子也有點餓了，心想兩點鐘便能通過海岸，於是將泡麵煮來裹腹。

從這裡開始起腳，就沒有路徑的痕跡了，海灘佈滿哈密瓜般大小的石塊，但倒也並不難走。過了軍營不久，發現了一處山泉溪流，看著地圖、對照地形，應該是鹿寮溪，推估已走了將近一半的路程。這條溪水清澈見魚，我趁機將寶特瓶灌滿。此時飲水還有4000cc，一切仍然樂觀。

AM
11:50

走到近午時分，陽光越發毒烈，海岸的石頭也越來越大了，雖然不難走，但是踏落在石頭上的步伐必須很穩，體力消耗得很大，我們汗流浹背，水也喝得很凶。

此時，維維對我說：「爸，我好累，頭很暈，快走不動了！」嚴酷的烈陽直射，我看著他，其實我也快吃不消了。飲水也只剩1500cc，我們無法繼續前進了。

環顧整個海岸，我們找不到可供遮蔭的地方。靠山的岸邊是有刺的灌形植物，腳下是大西瓜般的石頭海岸，另一邊則是一望無際的太平洋。

在烈陽的燒烤下，我們突然覺得：整個海岸竟像是炎熱乾枯沒水的沙漠！

「必須趕快找個地方避蔭！飲水已經不夠了！」我被心裡的聲音催促著。

「啊！我們黑色的斗蓬式雨衣！可以展開當做臨時帳棚。」

我趕緊卸下背包翻出雨衣，把它展開，從相機包找出橡皮筋，將走古道時取來的樹枝手杖當做支撐，再搬石頭固定柱腳；將兩角支撐起來後，終於有了帳棚的雛形。我要維維先躲進帳棚的陰影裡，自己再繼續把帳棚搭起來。

我也已經頭暈了，沒有什麼力氣，但仍然急忙在海邊的亂石堆裡找尋堅固的枯枝和可用的繩子，將救命用的克難遮陽棚撐起來。否則，我們父子可能會在這無人的海岸上，中暑致命。

火辣辣的烈陽直射，我的皮膚發燙，連石頭也燙得似乎可以煎蛋了。

我終於體會到，為什麼我家民宿老闆娘提醒我們要小心——確實不可小看這裡的太陽。

遮陽棚撐起後，我也連滾帶爬地躲到棚裡，再將棚下滾燙的大石頭一個個丟出棚外，空出可以休息的地方。

為了降低飲水的消耗，我們喝的每一口水，都必須先含在嘴裡，再讓它慢慢、慢慢地滑進喉嚨。為了避免流汗導致水分快速流失，我們必須脫掉上衣，躺在克難的遮陽棚下保持不動。

我們將濕漉漉的T恤放在棚外的石頭上曬乾，躲在遮陽棚內，望著石頭海岸，望著太平洋，享受著太平洋上吹來的一點點微風，心情總算變得輕鬆。

現在什麼也不能做，只能靜靜地坐著、躺著。我們在救命臨時帳篷的蔽蔭下靜靜地等著時間過去，讓太陽慢慢地減溫到可以繼續上路。

PM 03:00

太陽漸漸移動到了西方山頭，山頭上也慢慢地聚集了雲層，陽光的熱力開始減弱了。下午三點鐘，我們再度出發，卻不知道，這才是困難和挑戰的開始。

往佳樂水的方向前進，石頭變得越來越大，走在石頭上的難度也越來越高。不斷前行的同時，腳下的石頭也不斷「升級」，真是超出我們意料之外。一邊走，一邊爬上爬下，撐著重裝備的雙腿越來越吃力。

我們望著遠方的灣岬，心想只要走過出風鼻和鳥石鼻，便能一路到達佳樂水。但是，當第三個灣岬出現時，我們心裡都一起升起了疑惑：地圖上不是只有兩個灣岬嗎？此時，我們不知道能信任什麼了！只能續繼埋頭前進。

過了不知第幾個灣岬，眼前盡是海難沉船破碎的鋼鐵船殼，像一座座廢墟般，錯落在岩石上。鋼鐵已被海風鏽蝕，暗紅及暗棕的鋼鐵碎片，風化成一片一片，鋪滿了整個岩床。我們的脊背竄出一股寒意，心裡極為恐慌不安，小心翼翼地穿越這片失事船難的廢墟，岩石和鋼鐵船殼廢墟在陰沉沉的天色下，更顯得恐怖詭異。

黃昏就要到來，時間不多了。

「爸，什麼時候可以走完？」維維開始問我。

「這個灣走完大概就可以出去了。」我才剛說完，另一個灣岬又出現了，我們的信心受到了極大的考驗。

泡麵吃完了，口糧吃完了，巧克力吃完了，沒有食物了，水也不多了，也走得很累了。

我不時回頭問兒子：「維，體力怎麼樣？」「腳會不會軟？」「肚子餓不餓？」然後為他打氣：「加油！我們就要走出去了！」

維維有些哽咽地回答：「爸，我還好，沒問題。」

我又默默地再一次告訴自己：我一定要，帶著維維離開這個地方！

走著走著，維維跌倒了，摔在硬硬的岩石上。他努力地翻坐起來，抱住膝蓋，強忍著，臉痛得揪在一起。這是第二次摔倒了。

我連忙蹲下檢視他受傷的膝蓋，表皮的擦傷蠻嚴重的，所幸沒有傷到關節。從背包裡拿出急救藥品為他上了藥，包紮起來，再度上路。幸好他還能走路，否則在這個手機完全沒有訊號的地方，真的不知要如何求救。

走了一段時間，灣岬還是一個又一個地出現。

休息時，維維把喝空的寶特瓶很生氣地重重摔在岩石上。他開始想哭了。

「維，時間不多了，我們的水也不夠了，肚子也餓了，我們還有力氣，腿還沒發軟。我們不要把力氣花在不相干的事情上，比如生氣、抱怨、失望，還有難過。要把力氣保存在自己的身體裡，感覺到它，保持自己的平靜。我們的力氣不會用完的。」

「來，跟著我坐好，慢慢地深呼吸……」

維維強忍淚水，坐在岩石上，靜靜地深呼吸……過了一陣子，他抬起頭叫我「爸！」，然後對我比了一個上路的手勢，我們又再度出發。

跳爬著石頭前進中，維維走得越來越慢，也常常扭到腳，他的腿已經有點發軟了。為了趕時間，我將維維的背包扛起，疊在我的背包上。維維不肯，他還覺得可以揹得動，不需要我幫忙。

我溫柔但堅定地對他說：「我們得趕快走出這裡，你不用擔心，爸爸扛得動，這是小case。以前，爸爸在松崗山上，都要幫爺爺揹高麗菜，那時可以背六七十公斤，而且走的路比這個還難走。我會走得比較快，你要跟上喔！」

PM
6:00

維維緊跟著我一路前進，大岩石變成了大石塊，但走起來依然吃力。我幾次回頭看他，只見他默默地走著，緊閉著雙唇，強忍著壓抑的眼淚。我輕輕問他：「感覺怎麼樣？」

他只說「我壓力好大……」便忍不住流出淚來。

我放下背包，上前抱住他，輕輕地拍拍他的背：「你把壓力都哭出來吧！」

他一聽，便「哇～」地放聲大哭起來。

我將哭泣而巨大的他擁抱在胸前，用手撫著他的頭靠在自己的肩上，讓他盡情地哭，內心裡覺得他好棒——其實，要不是身為爸爸，我應該也是相當軟弱的吧。

「放心，爸爸在這裡。」我溫柔地輕聲在他耳邊說。

他的哭泣暫歇，我們父子倆並排坐在石頭上，我問他心裡的想法。

「我以為走過前面這個山頭，就會到了；沒想到，走完這個，還有一個，一直走一直走都走不完！」

我說：「爸爸不會這麼想，不會認為過了這個山頭就真的到了。」

「我只是要給自己一個目標嘛，這樣我才撐得下去！」他斷斷續續哽咽地說。

「爸爸也跟你一樣，會把前面的山頭當做目標，但是，事情如果不像我們想的一樣，爸爸就會問自己，體力怎麼樣？腳會不會軟？如果不會，爸爸相信，只要堅持前進，就一定會走到。」

維維依然吸著鼻子哽咽著。我輕輕地對他說：「如果你還有壓力就哭吧！哭了以後，想一想，看一下錶，想想我們的時間要放在哪裡？天色漸漸暗了，如果你準備好了，就告訴爸爸。」

維維深深地吸氣，再放鬆一下，看看手錶說：「再給我三分鐘吧。」

用手拭去了眼淚，維維準備好了，我們便坐著做了一些情況的推演——如果走不出去，天又黑了，要怎麼處理？整理了幾個方法之後，我們才又繼續上路。

我扛起兩個人的背包，讓維維走在前面。「現在由你在前面帶路，我會跟著你。」

太陽下山後，我看到遠處有兩個釣客，從岩石上消失在另一端，心想離出口應該不遠

了。我將這個想法告訴維維，這讓我們又有了希望。同時，路也變得好走多了，已經出現了有人跡的路徑。

走了一段路後，在昏暗的光線下，發現了一幢建築，維維看見屋頂上有穿著橘色衣服的人，高興地回頭說：「爸，是海巡隊！」

我便對著哨所大聲說：「我們走過海岸，很久沒有吃東西了，可不可以到你們那裡休息一下？」

我和維維都很興奮，海巡隊是我們的救星。

我們在哨所邊的石椅上休息，海巡隊準備了一些食物和飲水，我們邊吃邊和海巡隊員聊著這趟環島旅程，以及今天通過海岸的挑戰。

海巡隊員對維維讚賞不已，維維在海巡隊也很高興，最艱難的，已經過去了。

天色完全黑了，海巡哨所的探照燈在太平洋的海面及海岸上，來回地掃瞄著。

我們累得不能再往前走了，依海巡隊的建議和協助，叫了一輛計程車載我們到港口茶村，找了民宿住下。

維維一碰到床就睡著了，睡得很沉。今天，他做到了連海巡隊員都難以想像的事，不知道這個挑戰在他未來的成長路上，會有什麼樣的幫助。

維維的悄悄話

天色還沒有很亮時，我們就整裝出發，帶著根本不夠的水和食物去走26號道還沒開發的地方。我們決定在公路上攔一輛便車，節省力氣，留多一點力氣來走海邊。這個決定是當天少數對的決定之一。

剛開始有一條小路，雖然路上都是小石子，不過算是好走的了。可惜它沒有一直繼續下去，這條小路到一個廢棄的哨所就消失了。

天氣越來越熱，路越來越難走，我已熱昏了頭，必須馬上找到地方休息，而且要有陰影避太陽。可是在海邊怎麼可能會有陰影呢？爸爸把我們的黑雨衣用漂流木撐起來搭一個克難小帳棚，雖不怎麼樣，至少可以防曬。可是在有陰影的地方沒有風一樣很熱，我開始咒罵太平洋：「這該死的太平洋，這麼大卻一點風也沒有。」罵完後我倒頭就睡，大概睡了三十分鐘，一醒來，太平洋就走風了，而且這風不小，天空也起雲了。我們本來決定兩點半走，一看有雲，想改成馬上出發！才剛這樣一講，就出了太陽，沒想到天氣也會騙人！

繼續前進，路況跟我想像差不了多少，一堆大小石頭，可是這種路比我想像中來得長很多。我們一樣一直走，一直走。遇到一艘沈船，其中有幾個大碎塊，每一塊都比人大，看起來十分詭異。走到一塊很奇怪的石頭上，我滑了跤，看見左膝有一些地方沒有皮，鮮血從沒有皮的地方流出來。

時間越來越晚，心裡充滿壓力與絕望，終於，在某一角，我哭了，把之前一點一滴的疲累全部一次發出來。不過也不能一直哭，再哭下去，我會用盡所有力氣而走不動。

我們靠著意志力和剩下的一些體力繼續走，接著，奇蹟出現了，我看見了一個海巡哨。

在哨所中他們請我們吃一些食物，讓我們叫計程車，其他的事我都不太清楚，因為我已經睡著了。

媽媽的悄悄話

一整天沒辦法和父子倆取得聯絡，猜想是手機沒有訊號。無論如何，相信先生會照顧兒子，兒子也會保護自己。

接下來的補給日，我會開車南下墾丁到台灣的最南端鵝鑾鼻，與父子二人在那裡開香檳慶祝（香檳總該有氣泡沖天了吧）！

行程時間	05:15～21:00＝15h45'
行程距離	約30km
今日花費	1600元
消耗飲水	13000c.c.
要感謝的人	非常感謝海巡隊，不只提供食物，還幫我們背著裝備走一段路，送我們到外面搭計程車。

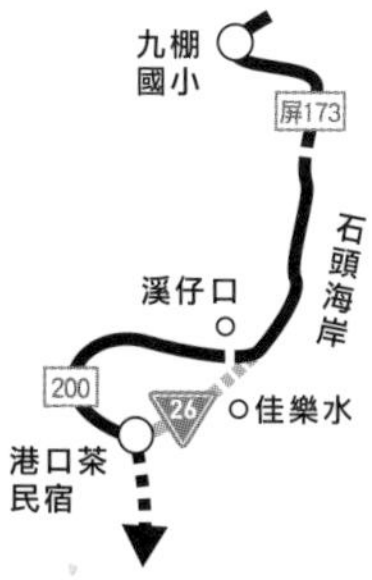

...next

0803

Day 22

晴朗炎熱

屏東滿洲港口茶民宿
↓
屏東恆春墾丁沙點民宿

走向最南端遇到BMW的好心人

媽媽心疼維維受的傷：「哎喲，痛不痛？」維維的表情則顯得相當榮耀：「媽，這沒有什麼！小傷而已啦！」

旅行時很棒的是，不管是快樂的或痛苦的糟遇，在第二天張開眼睛後，就會被自動放到了記憶的抽屜裡，再次面對嶄新的一天，並且準備經歷未知的旅程。

早上醒來，我們又充滿了精神，也很開心。昨天那段艱苦的經歷，早已在腦海中歸檔為過去了。今天要走向台灣的最南端，正好也是要和媽媽會合的第二次補給和懇親日。

出發前，我幫維維清理跌跤擦掉皮的傷口，在大約半個手掌般大小的傷口上，擦上優碘藥水，塗上曼秀雷敦藥膏，蓋上折好的紗布，再用藥用膠帶纏繞固定在腿上。

看著包紮好的白淨紗布，維維說：「這樣看起來好像沒有跌得很慘的樣子！」

「嗯！」我也同意，紗布應該要滲著些血水才對。

於是，我用深褐色的優碘在傷口的紗布上再浸染了一下。

「嗯～這樣看起來比較有感覺了！」我們一起欣賞著。

維維和我都認為，這個傷口是挑戰岩石海岸成功的標記，今天是補給日，要讓媽媽看到這個光榮的印記。「搞不好在路上，還可以獲得同情搭便車呢！」維維開心地說，至於傷口的痛，他已經拋到了九霄雲外了。

AM 08:00

我們要從港口茶走到鵝鑾鼻，台26線這段佳鵝公路，要是不熱的話，走起來會相當幸福，道路平坦而後半段路程則風景優美。

我們仍是邊走邊無厘頭地搞笑和聊天，這依然是對付無聊步行的最佳法寶。

恆春半島八月初烈陽當空，非常炎熱。休息時我對維維說：「爸爸想到一個散熱的好方法！」於是將上衣脫掉，整個人便在樹蔭下涼爽了起來。

維維看了大叫：「噢爸～很難看耶，你有暴露狂哦～」

「還好吧！你也試試啊！」

他抵死不從。「隨便你，可是警告你不要叫我脫哦！」

我看著自己已曬成古銅色的手臂，再看看沒曬過的上身，一片生白的顏色和鬆垮的腹肉——上路前，我還是把上衣穿了起來。

AM 10:15

走到了風吹沙的地方，據說這裡曾有一片相當棒、相當美的沙地，但自從公路開通後，這片美麗的景觀便不復存在了。

我們沒有想要在烈陽下欣賞美景，而是直接躲進了路邊小賣卡車所占據的一處樹林內，避陽休息。隨後，開車路過的遊客也陸陸續續來到這裡。

因為身上的裝備和一般遊客大不相同，小賣攤老闆及遊客對我們十分好奇，同樣問起我們在進行的步行環島旅行，自然也都免不了稱讚及加油。有一個中年男人更對我們豎著大拇指，不斷地說：「了不起！了不起！」

重新上路後，接近十一點鐘的毒烈太陽曬得我們都大感吃不消，我在維維的背包掛上了搭便車牌，然後持續前進，等著路過的有緣人搭載。

不久，一輛黑色BMW轎車便停在身旁。原來，是剛才在風吹沙休息時，向我們豎著大拇指的那位中年男人和他家人。我們將背包放入了行李箱，坐進BMW中，麻煩他送我們到最近有賣吃的地方避陽休息。

一路上看不到任何有賣吃的小店，BMW便將我們送到了鵝鑾鼻。

和BMW的車主謝別後，維維高興地說：「爸，我們搭到BMW的便車了耶！」我回應他說：「是啊！很多人還是很好心的。」

這件事，打破了我們原來偏頗的看法。開高級車的有錢人，仍然有願意幫助路人的。

在鵝鑾鼻公園外的樹蔭下，我們鋪上了帳篷便席地躺臥，在涼風中享受了第一次悠閒舒服的午睡。醒來後，進入公園，尋找地圖上台灣最南端的白沙鼻。

我們走到公園最靠海邊的步道，不知是不是已經到了台灣的最南端？結果發現竟然又忘了準備噴灑慶祝的飲料了。

行程時間	08:00～17:00＝9h
行程距離	約18km
今日花費	570元
消耗飲水	8200c.c.
要感謝的人	搭載我們的BMW車主一家人。
	請我們吃了一頓有氣氛晚餐的外婆。

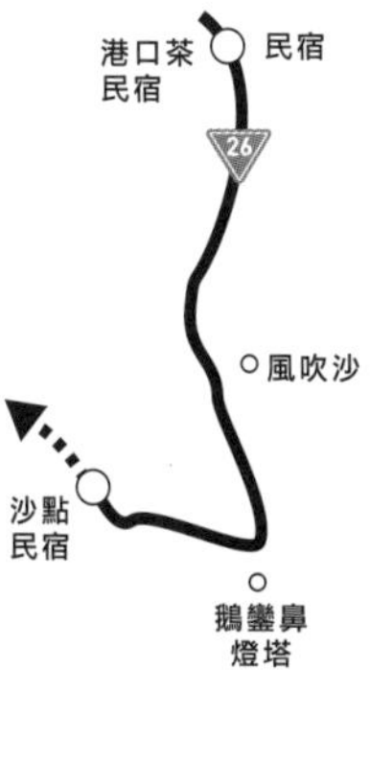

沿著南端的海邊步道，維維舉著手杖當成步槍，想像自己是揹著背包的突擊士兵，在海邊搜索挺進，一副驍勇矯健的模樣。

回到了公園內的草地，媽媽及外婆也到達了，母子、婆孫見了面高興地互相擁抱。

媽媽心疼維維受的傷：「哎喲，痛不痛啊？」

「媽，這沒有什麼！小傷而已啦！」維維的表情則顯得相當榮耀。

將沉重的步行背包丟入了汽車的後行李箱，我們開始了一個輕鬆舒服的夜晚。

晚上，全家人在海邊的餐廳，吃了一頓有氣氛的晚餐。正值夕陽時分，海邊的晚霞雲彩相當美麗，我很懊惱，怎麼把相機放在民宿中忘了帶出來！

維維安慰我：「爸，沒有關係，美好的事情，就放在記憶中好了。」

...next

0804
Day 23

行程時間	0
行程距離	0km
今日花費	0元
消耗飲水	0c.c.
要感謝的人	感謝弟弟文印贊助我們今天所換裝的裝備。

屏東恆春
墾丁沙點民宿
↓
屏東林邊
晶華莊汽車旅館

晴天多雲

補給換裝行程暫停

今天有好多的事情要做。

我們得找地方補給更換裝備；外婆想到高雄愛河邊喝咖啡；維維想飆一場墾丁路邊的沙灘車；而我得把旅行拍攝的照片處理完。

走過九棚到佳樂水那段沒有路的石頭海岸後，維維的防水鞋已經開口哈哈笑了。而我的背包肩帶，也已經破損裂開，岌岌可危。

我們先把外婆送到高雄愛河邊，讓她找個咖啡座，重溫年輕時的浪漫。正好旁邊就有一家戶外用品店，維維和我便在這裡挑選東西。

他換了一雙防水鞋，我換了一個背包。為了走在多車的公路時，阻隔空氣中的廢氣，維維看上了一個魔術頭巾，我則加買了一個大手帕，讓我們可以當成口罩使用。

這趟環島行程，是我們野外活動的第一次，從收集資料準備裝備，到開始上路，我們對野外活動用品的知識，也增加了不少經驗，算是旅行中難得的收穫。

...next

風雨的磨練。疲憊

0805

Day
24

晴天午後多雲

屏東恆春墾丁沙點民宿
↓
屏東車城車城國小

和軍隊的第一次接觸

陸戰隊連長走過來，送維維一個手機袋，說是用現役的陸戰隊迷彩軍服手工縫製的，並且對維維說：「陸戰隊歡迎你！」

驅車前往墾丁銜接環島行程的路上，我們在帆船石的海邊停下來，下到沙灘上看看風景。天氣很好，天空蔚藍，海水碧綠，海風稍大，海浪湧向岸邊打在岩石及沙地上濺起漂亮的水花。

水上摩托車來回穿梭，有些拉著香焦船帶著遊客，在海上滑行。外婆也想要冒險體驗一下，但是因為風浪較大，沒有人願意載她下海。她不斷地說服業主，但是終究沒有成功，最後便和維維相約：「明年夏天你要陪外婆再來，我再來玩。」外婆的豪情真令人佩服。

維維戴著他新買的魔術頭巾，將自己打扮了新的造型，在海邊看著人們嬉戲，心情輕鬆而高興。媽媽跟在維維身邊，在沙灘上悠閒地晃著。我自然地拿著相機，拍著快樂的家人，和旅遊的風景。整個早上彷彿是快樂的家庭旅遊日。

維維對我說：「爸，我們的走路環島，今天好像變成了開車旅遊了。」

「對啊，上午就輕鬆一下好了。」

PM
03:00

午後，我們從沙點民宿開著車慢慢地沿海邊向北行進。屏153縣道相當漂亮，藍天綠樹白雲，簡直就是一幅風景明信片的寫照。若不是天氣太熱，步行這一段路應該是適意的享受。在車上休息的我們，吹著冷氣，緩緩地在空曠的車道前進，邊看著風景，邊調整準備要再走路的心情。

下午三點，陽光的熱度減弱了許多，維維母子、婆孫相擁話別，媽媽開著車很快地消失在我們的視線中。揮別了舒適的冷氣車，維維我們扛起背包，從下水堀再起腳出發。休息了一天半，背包還是如常地沉重。我倆相望，無奈中浮起一種會心的念頭：「開始要走回家了！」

SINCE

EDWIN

PM
06:00

感覺像是回到第一天走路一樣，帶著一種新鮮的心情。走在墾丁的路上，我們沒有說話聊天，靜靜地走在各自的沉默中。

維維不時調整他的魔術頭巾，為自己變換不同的造型。現在，走在單調的公路行程中，他有事情可以排遣無聊了。

傍晚走進了車城國小借宿，看到了一群群的阿兵哥錯落在校園中。

我對喜歡軍事的兒子說：「維，看來遇到軍隊演習了！不知道是什麼軍種？」

維維相當興奮：「看這種迷彩好像是陸戰隊的。」對軍事著迷的他，終於有機會正式接觸到真正的軍隊。

我們在教室的走廊前放下背包，想外出用餐。有一個上尉軍官在走廊旁畫著軍事地圖，我們請他幫忙就近照看一下。這位長官胸前藍布上寫著連長，和我們聊了一下。

我對他說，目前陪國小畢業的兒子在步行環島，已經走了二十四天，繞了半個台灣，現在正走回程；還有，維維對軍事有興趣，以及想讀西點軍校等等。

他讚賞著維維能有這樣的毅力步行，相當地佩服，還說西點是很棒的軍校，國家也有送公費生到西點就讀。

晚上，我們正在穿堂下搭帳，陸戰隊連長走過來，送維維一個手機袋，說是用現役的陸戰隊迷彩軍服手工縫製的，並且對維維說：「陸戰隊歡迎你！」

沒想到連長這麼用心，維維感謝又感動地接下了這個手機袋。連長轉身離去後，他沉陷在這意外的感動中：「爸，我要好好收藏這個珍貴的禮物。」

我們在暗夜的掩護中，摸黑在走廊洗手台前，裸洗了冷水澡。然後，一邊洗著衣服，一邊看著軍隊的活動，看他們集合、吃飯、連長對士兵的訓話和嚴格要求。

維維帶著一點緊張和興奮，這是他第一次真實地近距離接觸到軍隊，不是一般步兵，而是強悍的陸戰隊。這些在平常他穿美軍陸戰隊迷彩服和玩生存遊戲時，才感受到的事，今天在他的生活中，真實地看到及體驗。

躺在僅夠兩人容身的帳篷中，維維聊著很多有關軍隊的事。他覺得我當兵時做文書兵太無聊了，有點遜。今天看到兩輛悍馬吉普，他很想擁有一台，又說，輪型裝甲運兵車也不錯，颱風天不怕淹水，而且越野能力超強。

說著說著，他在慢慢消淡的興奮中，漸漸沉入夢鄉……

行程時間	10:50～18:00＝7h10'
行程距離	約40km
今日花費	840元
消耗飲水	未統計
要感謝的人	陸戰隊的連長和第二天送早餐來的轉導長。第二天的早晨，我們收完帳棚，軍隊正在吃早餐，連輔導長送來兩份早餐，說連長請我們吃。維維很興奮能吃到軍隊的食物，是黑胡椒鐵板麵及青菜，維維說，比學校的營養午餐好吃多了。

...next

0806

Day 25

晴天午後多雲

屏東車城車城國小
↓
屏東枋山
加祿國小枋山分校

在枋山國小夜裡聽海潮

AM 07:30

在西岸步行的感覺和東岸不同了。

「爸，我們在鵝鑾鼻的時候，如果向東邊一點的話，就像是離開家，向西走一點的話，就像是回家，這樣的感覺很奇妙耶！」維維心有所感地說。

是啊！在東部時，我們每走一公里，就覺得又向前、向遠處走了一公里。但是在西海岸，每走一步就更靠近家裡一點，步行已經沒有了向夢想前進的感覺，反而覺得我們的旅程就快要一步一步地結束了。

我們這天就沉浸在這樣說不太明白的感覺中。

上午的天氣還是炎熱，但是，走在路寬車少的屏鵝公路上，心情相當愉快。我們如常地選擇了靠山邊有蔭影可遮避的地方，一前一後地盡量走在蔭涼的樹蔭下前進。

新換的背包，讓我揹得很辛苦，同樣分量的裝備在這背包上，感覺沉重很多。腳踝和腳底已痛到不行，讓我走得很慢，追不太上走在前面的維維。

「維，要走慢一點，爸爸腳痛跟不上你了。我覺得這個新的背包好重。」

維維轉過身來看著辛苦走著的我，體貼地對我說：「爸，我們來交換背包好了，我來幫你揹這個新背包。」

換了背包後，我覺得腳痛好了很多，開始能順利地走路，心裡對於兒子這麼體貼的主動交換背包，充滿了感激。

下午天氣漸漸地降溫，雲層開始多了起來，也起風了。

過了楓港，海岸邊台26線的屏鵝公路換成了台1線，太平洋也早已被台灣海峽取代了。

「爸，今天太平洋的風浪很大耶，不像在台東的時候平靜。」

「這裡已經是台灣海峽了，兒子。」我笑著糾正他。

「哦～」維維不好意思地笑了起來。

PM
04:15

因為海岸一直都在我們前進方向的左邊，走了很久的太平洋沿岸，維維還不太習慣，老把台灣海峽誤認為太平洋，把西邊認為是東邊。

聽說有個颱風正在接近中。為了掌握颱風動態，我們從背包中找出了收音機，監聽著節目，希望在新聞中能有颱風的消息。聽了一陣子，沒有聽到颱風的動態，只有一般的廣播節目。

我們平常開車時喜歡收聽廣播，但在此刻步行中，收音機的聲音卻顯得相當聒噪。維維說：「爸，我覺得收音機好吵哦！」

我說：「我也覺得聽著好煩！」索性便關了起來，靜靜地走我們自己的路。

我們有時靜靜地走路，有時聊天地走路，有時要寶搞笑地走路，都是依著我們自己自然的節奏和氛圍。收音機聒噪的聲音打碎了我們原有的氛圍，像是原本正靜心地聽著抒情大提琴，外面卻突然傳來一連串的潑婦罵街一般，一下子就把我們搞得心煩意躁了。

與剛開始的時候相比，維維越來越能享受旅程了。

我們走到一個海邊流動咖啡座的遮陽棚下坐著歇腿，看著棚外的雲天和海面，雲層很多，偶爾從雲縫中灑出幾束陽光。海浪不斷地湧向岸邊，然後推著浪花在岩石上濺開。

我們沒有說話，各自靜靜地觀看和拍照著。

維維很平靜地坐在活動折疊椅上，魔術頭巾套著脖子，他已經不再聽MP3了，望著颱風要來的海面，聽風聲、聽樹葉聲、聽浪花聲、聽自然聲……出外步行了二十五天的維維，此刻從容自在，這般自然。

黃昏時，我們在成功路旁的便利店休息，維維在店裡看書，我則被窗外黃昏的景像吸引。留下維維，走出店外，舉起了相機，在觀景窗中捕捉看見的感動：一棵樹，一輛車，一片天空，一波起伏的海面。

回頭看看維維，隔著玻璃窗，他依然平靜而專注，安心而自在。

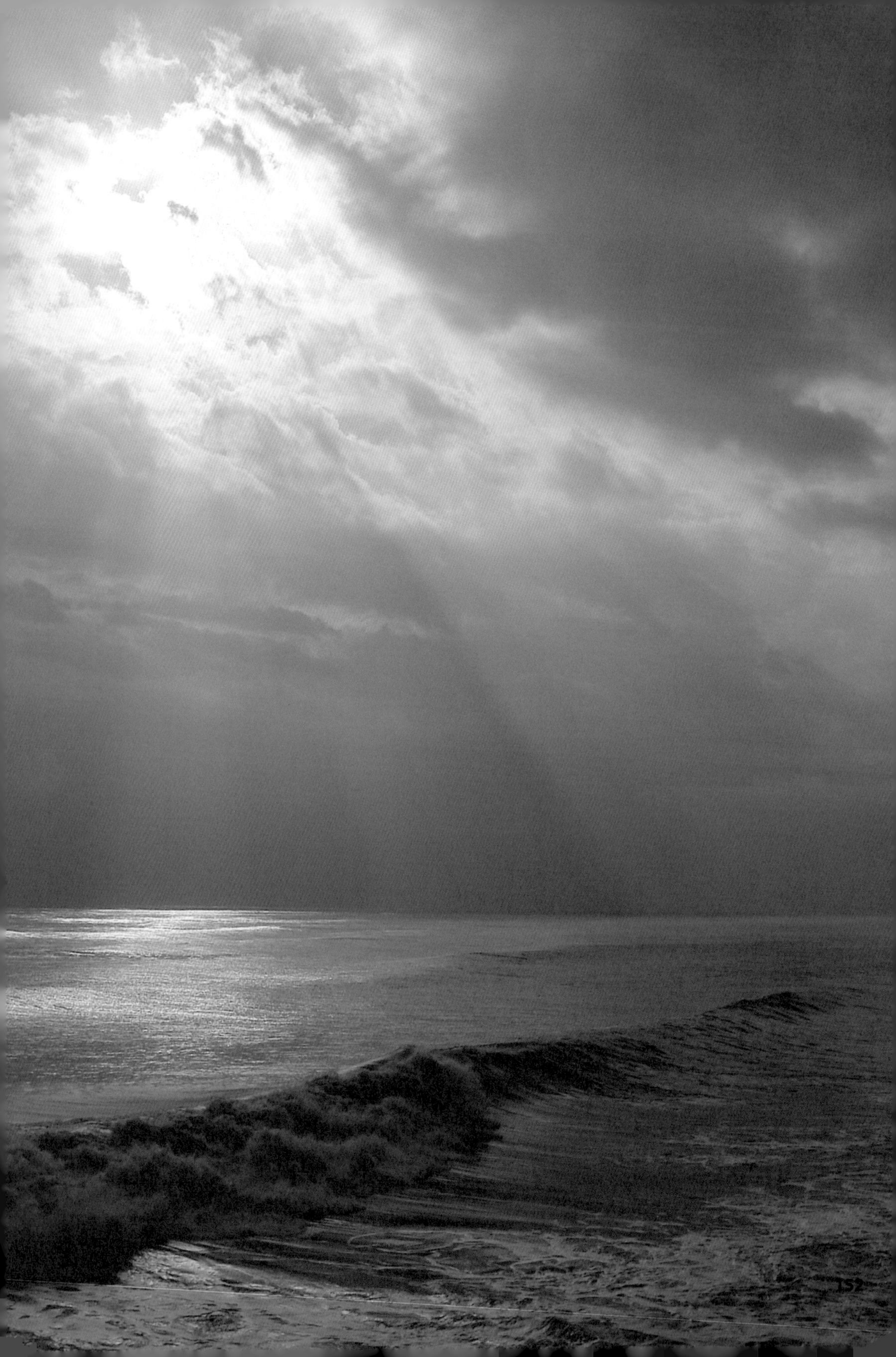

PM
07:

天色在步行中暗了下來，我們摸黑向著枋山國小走去，國小就在海堤邊。走進學校的穿堂，我們打開日光燈，放下背包，脫下鞋子，取出營帳，就在這裡紮營。

一切都落定以後，維維和我坐在穿堂前的階梯上，一點一點地吃著在枋山村外公路上買來的蓮霧。蓮霧很甜。

天空沒有星星，也沒有月亮，雲層很厚，天色十分暗沉。我把手搭在維維的肩上，彼此靠著，靜靜地聽著堤岸外的海浪一陣一陣的拍打聲……

行程時間	07:10～19:00＝11h50'
行程距離	約25km
今日花費	627元
消耗飲水	未統計
要感謝的人	近中午的時刻，我們掛上了搭便車牌，靜心地緩步前進，等著有緣的人順道搭載。在海防橋前，一輛舊舊的福特嘉年華，胖胖的媽媽載著兩個瘦瘦的小女孩，將我們載到楓港有便利店的地方。枋山警局的警員。我們進入了公路旁的枋山村落，找到了派出所，詢問警察枋山國小的所在和可以用餐的地方時，警察很熱心地給了我們指示，又送給我們兩碗泡麵，還在我們的小筆記上，蓋上枋山的微笑紀念章。

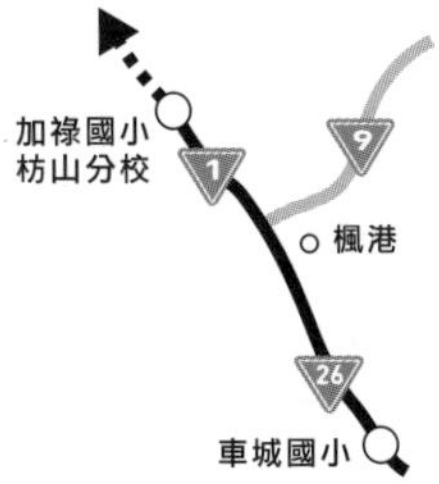

...next

屏東枋山
加祿國小枋山分校
↓
屏東林邊
晶華莊汽車旅館

晴轉陰午後雨

0807
Day
26

AM
07:30

走到終點時來插國旗吧

邊走邊聊著，他突發奇想地說：「爸，我們走到終點淡水捷運站，我想像硫磺島的英雄登陸硫磺島一樣插國旗，你覺得有沒有可能？」

颱風「帕布」正在逼近，親友不斷地來電提醒我們要小心。根據消息，它會在台灣北部登陸，對北部影響較大。而在南台灣屏東枋山我們這裡，天氣依然晴朗，吹著涼風，走起路來並不會太熱。

在台1線的寬闊大路上，維維不時將手杖舉起來，當成他最喜歡的M4A1步槍，像個著重裝的戰鬥步兵一般地偵搜前進；不時還要我揹著背包踢正步行軍給他看；或者就和我並排著，依著我的步伐一起齊步走。

在車城巧遇國軍陸戰隊後，我們聊天的內容多半是軍事和武器，也聊戰爭電影。我們聊最近看過的《硫磺島的英雄們》和《來自硫磺島的信》，這兩部正好從兩個角度來描寫美日兩軍在硫磺島激戰的電影，讓他對敵我的概念更為宏觀。

另外，他最愛看的還有《搶救雷恩大兵》、《諾曼地大空降》、《鍋蓋頭》、《獵風行動》、《黑鷹計畫》等等，幾乎都是描寫戰鬥步兵的電影，其中有些片子他已經看了不下數十遍。

「你那麼愛看這些電影是為什麼？」我想知道他愛看這些電影，他是怎麼想的。

他想了想，慢慢地說：「嗯～我看的是，他們戰鬥伙伴之間，能夠為彼此互相犧牲生命的那種感覺。」

哦，原來如此！我終於了解了，沒有兄弟姊妹獨子的他，心中充滿對生命與共以及團體歸屬感的渴望。我帶著遺憾，在這點上，做父母的我也好像幫不上忙，我想只能持續給他大量的愛吧。

PM 03:30

PM 02:10

邊走邊聊著，他突發奇想地說：「爸，我們走到終點淡水捷運站，我想像硫磺島的英雄登陸硫磺島一樣插國旗，你覺得有沒有可能？」

我遲疑著回答：「插旗是沒有問題啦，但是要插國旗哦？」我有一些擔心，在目前的氛圍下，國旗似乎變成一種禁忌。我希望不要因為我們自己單純想做的事，演變成為某種意識形態的衝突。

一路上我們就討論，除了國旗還有什麼旗可以插？我們想過，到他的學校借校旗，或者借他小六的班旗？還是來製作一面自己的旗子？那麼圖案要畫什麼？要怎麼做？越想覺得難度越高，也越來越複雜。

我們想著，我們不代表他國小的學校，也不代表他的小六班級，走完台灣、到達終點時插國旗也並沒有什麼不對的啊！

最後，我們決定就來插國旗吧！

下午天氣開始轉壞，下起雨來了，而且雨勢還不小。維維興奮極了，出門這麼久，放在背包裡的雨衣終於可以派上用場了。

我們互相協助穿戴好了雨衣，看了一下，便忍不住哈哈大笑——兩個人像極了鐘樓怪人。維維笑著說：「爸，你看起來不只像鐘樓怪人，還是懷孕的鐘樓怪人。」

雨天裡的維維樂得不得了，不斷找屋簷下匯集雨水的地方，淋著雨水玩，或者跑到路面積水深的地方踩水，試著他新鞋的防水效果。他得出的結論是：相當滿意。

在林邊大橋左線的車道上要跨過林邊溪時，迎面而來一群穿著紅衣南下的自行車隊。維維本著步行以來培養的熱情，對著雨中騎車的他們打招呼，大喊：「加油！加油！」

蘋果日報的記者何先生尾隨在車隊後面，上前來打招呼。

他說，在這段公路上，看到過我們幾次。當他知道我是陪兒子走路環島，相當有興趣，徵詢我們願不願意接受採訪，做為明天父親節的報導。我們答應了。

過橋後，我們在一間店家的屋簷下接受採訪。維維被問到最難忘的經歷，他說：「我們在走屏東那裡沒有公路的海岸的時候，我一直走不出去，壓力好大就哭了，還跌了一跤，膝蓋還受了傷。」

「可不可以看一下傷口？」

我們便將紗布打開讓他拍了照。

採訪中，維維很開心。聽到記者何先生說報導明天會出來，維維更是興奮又要上報紙了，忙著打電話給媽媽、三叔、四叔及同學說：「明天要看蘋果日報喔！我們又被採訪了。」同時期待著明天的報紙。

傍晚親友們來電，說帕布颱風改由台東登陸了，難怪午後的雨勢變得那麼大，我們判斷颱風會直撲我們而來。

為了安全起見，我們就住進了汽車旅館中。

夜裡，一起坐在床上吃零食、看電視，在風聲雨聲中，維維很期待看到隔天蘋果日報的報導，也期待走到終點時，登陸淡水插下國旗的那一刻。

媽媽的悄悄話

先生在電話裡對我說：「妳兒子想要像硫磺島戰役一樣，回到淡水的時候，把國旗豎起來。」

我一聽，忍不住哈哈大笑，先生也是一說完就笑了起來。兩個人在電話兩端，大笑不已。但是笑完之後，仍然認真地思索這件事該如何進行。

「要在哪裡插國旗？」

「捷運站罷。」先生說：「妳可以聯絡××，他應該可以幫上忙。」

我們很認真地看待兒子的想法，不隨意扼殺他的創造力。我想，或許這就是我們愛他的方式吧。

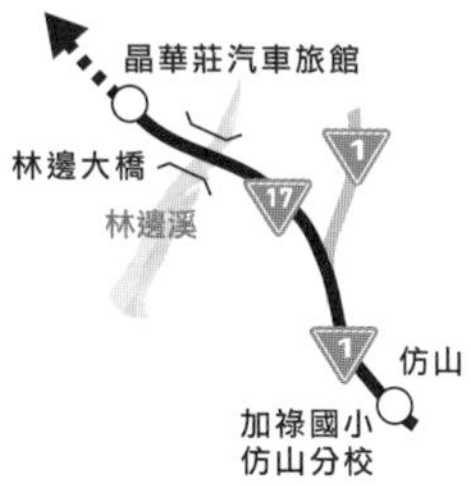

行程時間	07:10～18:30＝11h20'
行程距離	約31km
今日花費	1477元
要感謝的人	在加祿附近，我們等紅燈到對街的7-11休息，有輛汽車停在前方近處閃著黃燈。車主劉先生向我們走來，說他看過我們的報導，他有兩個小孩，能親子共同完成一件事，他很感動。隨後，他便送我們一程到東海。
	採訪我們的蘋果日報記者何先生。

...next

0808

Day 27

時陰時雨

屏東林邊
晶華莊汽車旅館
↓
屏東新園鹽州國小
↓
高雄林園弘州賓館

風雨中環島的父親節

他沒說什麼，沒說父親節快樂，也沒說那三個字；抱著我，在父親節和第二個颱風的夜裡，漸漸地睡著了。

PM
01:10

深夜裡，「帕布」颱風果然登陸了。在它之後，又有一個颱風「梧提」形成。在汽車旅館的獨立小屋裡，持續聽到屋外呼呼的風聲以及嘩啦啦的大雨聲，就像海浪潑在窗戶上一樣！

我們在旅館裡等著風雨消退再上路。出門前接到TVBS記者來電，想要做採訪；今天是父親節，爸爸陪小孩共同完成走路環島的夢想，他覺得很棒。走到台17線公路大約過了大潭，正在路邊休息，TVBS的記者追上了我們。攝影記者趙先生正拿出攝影機，此刻，突然下起了大雨。突如其來的大雨，每個雨點大得就像敵機臨空的機槍掃射一般，「碰碰碰」地落擊在地上和我們身上。我和維維一起大叫：「下雨了！」同時隨手抓起放在地上的背包，單肩扛著、低著頭，衝向附近的遮雨棚。在遮雨棚裡，我們喘著氣開心地哈哈大笑著，維維說：「爸，剛才那樣好好玩哦！」在他的想像中，剛才那一幕像極了戰爭電影裡，敵機臨空時，士兵在彈雨下慌亂奔跑閃躲的場景。

攝影機拍攝著我們互相幫忙穿雨衣、維維為包紮傷口的膝蓋打上防水綁腿的畫面。趙先生問維維：「颱風下雨天是不是還要走啊？」維維說：「對！」再上路時，趙先生陪著我們走一段，冒雨拿著DV拍著我們，邊走邊聊天。我們談走路環島的過程、心情，還有父親節的感想。

「你們一直走路會不會單調無聊？怎麼辦？」

我說：「我們會學各種腔調的國語搞笑和耍寶，還會唱山地歌。」

「可不可以唱一段？」

應他的要求，我便唱了起來：「白米酒，我愛你……」

接著他問維維：「今天是父親節，你有沒有要對爸爸說什麼？」

維維有些不好意思說：「沒有！」

我提醒他：「那三個字好了！」

維維笑著不從地說：「哦！不要！」

這段採訪，趙先生說晚上就會播出，我們高興地聯絡親朋好友幫忙看。記者離去後，我們繼續走向高雄林園，雨下得更大了，尤其在過東港大橋時，就像走在瀑布下一般。闊邊帽已淋得濕濕地，不斷地滴著雨水，雨水流到了臉上，身上慢慢濕了，防水鞋也進水了。

PM
08:20

接近傍晚，我們冒著大雨走到了伍房，在加油站的遮雨棚下避雨休息。向加油站的服務員詢問到鹽州國小的路後，離開台17線公路，往南再走了約一公里才到了國小。

夜間準備搭帳紮營時，維維的電話響了，他同學說颱風在南部登陸了。我們向媽媽求證，確定了新的颱風梧提，晚上會在南部登陸。

看著漆黑的走廊，風雨漸漸轉大，強風夾帶著雨水，斜斜地打進了走廊。我們決定，還是不要逞強，準備撤離鹽州國小，於是打了電話向屏東東港分局求助。東港分局的警車駛來，停在校門口，找到了在走廊下等著的我們。然後，警察聯絡了一位陳先生，請他將我們載往高雄林園的弘州賓館。

我們安心地在賓館的房間裡休息，維維靜靜地看著電視。整個下午到晚上，我感覺到維維有種失落，一下午悶悶地不怎麼說話，態度有點漠然。

我問他：「今天TVBS採訪爸爸時，你是不是感覺心裡有點怪怪的不太舒服？」

「嗯！」

「維，我們是一起的。記者採訪有時候以你為主，有時候以爸爸為主，但是，我們是一起的。因為有你和我，才有我們的走路環島。

這次的環島，如果沒有你的要求，我們就不會用走路的；但是，沒有爸爸的配合，這個

行程時間	11：50～21：00＝9h10'
行程距離	約20km
今日花費	1225元
要感謝的人	採訪我們的TVBS記者趙先生／東港分局警察／颱風夜載我們到賓館的陳先生。
補充	過了東港大橋後，我們一直找不到可以吃飯的地方，終於看到一個小吃部的招牌，便前去問有什麼吃的。他們回答這裡是小姐陪的，我們仔細看店內陳設，並沒有廚房及用餐桌椅，我們終於知道，這裡的小吃部沒有吃的。這變成我們步行無聊的猜猜樂遊戲，猜猜看，前面的招牌「小吃」、「小吃店」、「小吃部」有沒有賣吃的？

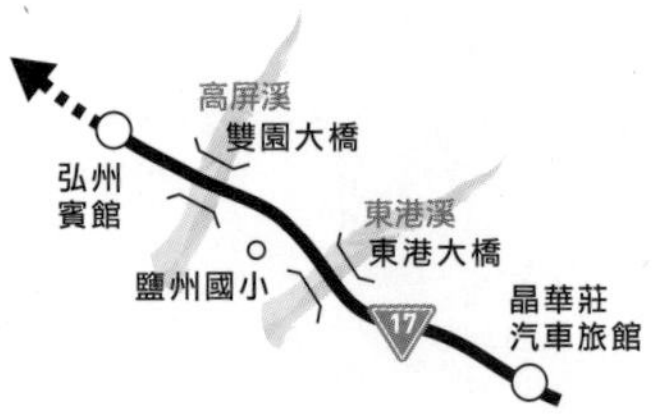

環島就不會成真。因為我們一起做這件事，大家覺得很棒，報紙和電視就想採訪，也有許多人為我們加油打氣。

可是，報紙和電視台不會重複報導同樣的新聞，因為他們需要報導新的事情，這樣才是新聞。同樣的事情，因為不同的時間，就會有不同的角度和看法，就會變成新的故事。今天是父親節，所以，TVBS會採訪爸爸做主角，在父親節的颱風天中，爸爸陪你完成環島的想法。但是，你也很重要，沒有你，爸爸今年的父親節就會很平常。所以，我們是一體的。我們像是戰鬥伙伴，你的光榮是我的，我的光榮也是你的，因為我們一起才創造這樣的光榮。」

維維又「嗯！」地點了頭，他沒說什麼，沒說父親節快樂，也沒說採訪時要他說的那三個字，抱著我，在父親節和第二個颱風的夜裡，漸漸地睡著了。

我不會當父親，也不會教小孩，當媽媽懷胎時，我就很惶恐。直到有一天我領悟到，我不需要教小孩什麼，因為他自己會學習，我只要做他的朋友，陪著他學習就好，陪著他學習如何知道、如何思考和如何行動。

在這樣的風雨中，和維維一起真正地走過父親節，對我來說，是很棒的一件事。

...next

0809

Day 28

陰雨天

高雄林園弘州賓館
↓
高雄市旗津大汕國小

食物多到不行的一晚

穿著被雨水淋得濕潮潮的衣服，坐在騎樓的階梯上，在烤香腸的香味中，我們又重溫了過去兩個人的美好時光。

今天晚上，我們快被大家好心的食物淹沒了。

昨晚我們連吃個晚餐的地方都找不到，最後終於找到一家雜貨店，只能在店前吃罐頭八寶粥配飲料。現在，看著眼前這麼多的食物，反而有點不知該怎麼辦。而且，下午四點才吃過，現在一點也不餓。

我們倆互相望著，我說：「我們先吃炒飯吧，趁熱吃，比較好吃。」於是我們慢慢地吞食著蝦仁蛋炒飯，心中也滿溢著感激和溫馨……

AM
10:30

早上，在賓館中我們吃了乾糧當早餐，上路不久，就看到了黃色的M型標誌在眼前閃耀，吸引了我們的視線，牽動了我們的味覺，也引爆了我們興奮的情緒。我們一起開心地大叫：「麥當勞耶！」

我們沿著海岸步行所經過的地方多半偏僻，人口不多，飲食的選擇很少。因此，一看到這個象徵著歡樂美味的標誌，腦海裡記憶著的香味，便教我們無法抵擋了。點了滿福堡、薯餅和柳橙汁，我們再吃了一次早餐；用很輕鬆、很享受的心情慢慢品嘗，讓我們自己悠閒一下。這是我們的幸福時刻，我看到了維維滿足的神情。

從高雄林園沿著台17線公路前進，天空不時下著雨，這一段路是工業區，工廠很多，眼前所見除了工廠還是工廠，沒有其他店家，連要避雨的騎樓都不容易遇到，更不用說是我們一直期待的便利店了。

維維很失望，一直走著，沒有地方可以休息、吃東西、喝飲料。

我們慢慢地走過了午後，走到了下午三點，我們都餓了；但是，仍然沒有看到可以吃東

西的地方。天空的雨時大時小地下著，我們一直硬撐著往前走。

終於走到了一個加油站，正準備找個地方，放下背包、吃點乾糧，這時一輛黑色轎車靠近過來，降下車窗，一位小姐探頭問我們要不要搭載一程？

「我們想到高雄機場附近，找個地方吃東西，然後想辦法找輛車，載我們通過過港隧道到旗津。」我有點猶豫要不要搭車，不知道對她來說會不會困擾？

她毫不考慮、很「阿莎力」地回答：「沒問題，我正要回高雄，離旗津也不遠。」

上車後不久就看到了便利店，我說：「我們可以在便利店買東西到旗津吃。」

「沒關係！你們慢慢吃，我可以等你們。」她把車開到了路邊。滂沱大雨中，維維和我在便利店騎樓下的休息桌吃著便當，她把車停在路旁，淋著大雨等著我們。

PM
04:00

下午四點多，我們在旗津中州的街上下了車，感激地和她揮別後，四處張望，還沒揹上背包，就看到了路邊的烤香腸攤。飄過來的香味，讓我們想起了以前一起吃烤香腸的日子。很久沒吃烤香腸了。我問維維：「想吃嗎？」他說：「好哇！」。

我們一邊吃，一邊聊著。

「爸，以前，我晚上到你公司寫功課，我們都會吃烤香腸耶！」

「對啊！而且你還敢吃生大蒜呢！」

各自拿著熱熱的香腸，我們一起沉浸在共同的回憶中。

我上班時，晚上還得加班，維維放學後，就穿著美軍迷彩軍服和裝著課本文具的軍用戰術背心，從民生東路小跑步到兩公里外的忠孝敦化路口，在我的公司寫功課。晚上九點多，我們再一起回家。等公車前會經過一個烤香腸攤，我們總是買一條兩個人分著吃。現在，穿著被雨水淋得濕潮潮的衣服，坐在騎樓的階梯上，在烤香腸的香味中，我們又重溫了過去兩個人的美好時光。

沿著旗津長長的地形由南往北走，路上遇到一個穿黃衣服的男子，騎著速克達機車攔住了我們，向我們求證：「你們是不是報紙上報導過的環島父子？」

聽到我們回答「是啊！」，他便興奮地想和我們合照，他說報紙他還收藏著。

這時候，天空正下著雨，加上也快到預計要宿營的學校了。我對他說：「我們要在大汕國小紮營，等一下到學校會合好不好？」

他一聽，更高興了，一直開心地說：「大汕國小是我的母校，太棒了！」

一到學校，穿黃衣服的孫先生從機車的座椅下，拿出了那份報導我們環島故事的自由時報，向學校警衛和吳老師大力宣傳，協助我們交涉借宿的事。

吳老師戴著頸部固定器，很不方便地打電話和校方聯絡，走來走去和警衛交代。我們在一旁看著，有些不忍又很感激。

學校順利地答應宿營的要求，而且在黃衣服孫先生的大力宣傳下，我們還引起了一點小小的轟動。

PM 05:30

紮營後，孫先生先離開了，我們坐在營帳旁休息。警衛太太特地送來兩大盒熱騰騰的炒飯，以及兩大罐冬瓜茶，還有兩大片西瓜。

等到孫先生再回來時，又帶了兩包餅乾送給我們，以便在路上隨時充飢。

於是，今天晚上，我們的食物真是多到了不行：有兩大盒炒飯，兩大罐冬瓜茶，兩大片西瓜，四包餅乾，兩大碗阿Q桶麵，兩罐牛奶花生，一罐八寶粥。

維維和我互望，我們拿起了炒飯，決定先從炒飯開始解決。不然，這些食物加上將近5000cc的飲水，而且下雨天裝備都潮潮濕濕地吸了水，背包肯定會重到不行。

晚上我陪維維平躺在營帳中，等他打呼了以後，起來在走廊的日光燈下補寫積欠了很多篇的旅行筆記。

校外依然雨霧濛濛，心裡卻很溫暖。在辛苦的步行路程中，有很多食物的夜晚，讓我們感覺特別幸福。

行程時間	10:15～16:40＝6h25'
行程距離	約20km
今日花費	626元
要感謝的人	在恆春開泡沫紅茶店開黑色轎車搭載我們到旗津的小姐。
	穿黃衣服騎機車的孫先生。
	學校的吳老師。
	警衛孫先生及送我們食物的孫太太。

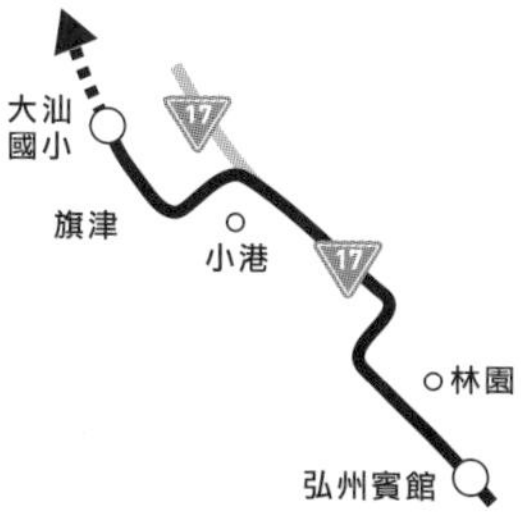

...next

高雄市旗津大汕國小
↓
高雄市左營明德國小

陰雨

0810
Day
29

令人昏睡的下雨天

開始環島步行的前幾天，我們距離才拉開一、二十公尺，就要打開對講機互扣。快一個月後，他居然可以一個人在公車站裡安心地呼呼大睡

AM
08:30

我們今天沒有設定目的地，自由而隨機地調整行程，整個行程緩慢而鬆散。就像這種綿綿不停的雨一樣，有時真的悶得讓人一直猛打哈欠，不得不想打瞌睡。

從大汕國小出發，我們直接走到了旗津海岸邊的步道，沿著海岸向北前進。看著灰濛濛的天空和海面，海上的浪潮一波一波地捲向岸邊。我們沒有見過這樣的浪潮，看起來就像是電影裡用來衝浪的海浪，只是尺寸小了一些。遠處海面上停著幾艘大輪船，維維問我：「爸，那些輪船為什麼要停在那裡啊？」我說：「大概是船的噸位太大進不了高雄港，所以，就只能停在外海了。」應該是吧。今早的雨水不大，只是綿綿細細的。旗津的海岸很美，我們慢慢走，慢慢欣賞，濛濛細雨中，是很棒的體驗及難得的感受。

我邊走邊拍照，維維也邊走邊玩。現在，他已經很能自得其樂了。我拍照的時候，他便玩他的，很從容自在，不像剛開始旅行時那樣，有很強的依賴感。

他把木杖插在沙地上，放上他的美軍大花迷彩闊邊帽，做成像是戰場上陣亡士兵的臨時墓碑一樣，然後叫住我：「爸，你看！」我回頭看他，對他笑著，這孩子……忍不住幫他拍下了一張照片。

這趟環島又有很多的第一次。

走到渡船頭，正好看到一輛軍艦冒著濃濃的黑煙，緩緩地開出港外。維維高興地說：

AM
10:30

「爸，軍艦耶！」我們站在高雄港邊看著軍艦緩緩地駛過，有補給艦，也有飛彈快艇。

第一次看到軍艦駛過，維維覺得既新鮮又興奮。

登上渡輪，因為揹著大背包，我們沒辦法從狹小的樓梯走上二樓的客座區，只好揹著裝備站在機車專用的甲板上。我們靠在外欄看著港口的海面，維維神情專注，不知在想什麼。八成正在想像自己是背著背包準備要登陸搶灘的陸戰士兵吧。

登上鼓山後，我們找了一家米糕店用餐，同時請教老闆娘要怎麼從這裡接到台17線再走到左營？老闆娘不知道什麼是台17線公路，但說了一個讓我們覺得很誘人的建議：「如果要到左營，這裡有免費接駁公車可以到左營高鐵站，站牌就在斜對面。」

我們當下就決定坐公車到左營高鐵站。我們都還沒看過高鐵，可以順便去欣賞高鐵車站開開洋葷。

一想到高鐵，我們就開始互相笑鬧起來：「喂，要不要放棄坐高鐵回去啊？」又互相推著說：「你說呢？」然後再相互賴給對方：「你決定啊！」

兩個人就這樣一邊吃米糕，一邊推託「你決定啊！」「你決定啊！」一邊呵呵笑。

其實，我們誰也沒有放棄的念頭，我們已經成功挑戰過兩段沒有公路、難度最高的古道和石頭海岸，又繞過了大半個台灣，已經沒有什麼困難的行程可以阻擋我們了。堅持走下去，完成環島對我們來說只是遲早的事，況且，我們已經準備要在台北淡水捷運站做登上灘頭堡插國旗的儀式了。

免費公車在高雄市區轉來轉去，車外又是陰雨綿綿，我們整個人也開始變得昏沉沉起來。一路看著車窗外，也不知道車開到了哪裡，只看到了「左營南站」的車牌就趕快下車。結果，發現下錯了站。

既然錯了，又飄著雨，就先到車站內歇息吧。

這樣的下雨天，冷清的車站，空氣悶得讓人很想睡，我們就在車站裡睡著了。維維靠在背包上，橫躺了三張等候椅大剌剌地睡著。我則坐著，趴在大腿的相機包上小憩。車站內的另一邊也有人正打著盹，連門邊的小狗也蜷曲著睡了。真是讓人慵懶昏睡的下雨天。

PM 12:40

醒來後我向車站外頭走去，想拍些街景，看到不遠處有間眼鏡行。想到某天步行時，眼鏡掉到地上摔裂了，就在左營這裡配一副當做備用吧。

進到車站，對還在睡的維維說：「我去配眼鏡，你在這裡等我，可以嗎？」

他在睡夢中迷迷糊糊地應了聲：「哦。」我便冒著小雨向著對街的眼鏡行跑去。

選鏡框、鏡片花了一點時間，再回到車站時，維維仍霸占著三張等候椅躺睡著，連姿勢都似乎沒有改變。

我站在他身旁，微笑地看著他，很久得久。

這孩子在心理上好像長大了很多很多。

想到開始環島步行的前幾天，我們距離才拉開一、二十公尺，就要打開對講機相互扣呼。快一個月後，他居然可以一個人在公車站裡安心地呼呼大睡，放心地讓我自己在外面亂跑了。

這趟旅程，讓我倆都成長了，更有安全感了，對台灣土地上的人們也更信任了。

我輕輕叫醒他：「維，眼鏡要到傍晚五點才會好，我們找別的地方休息吧。」

我們走進一家便利店消磨時間。維維拿了一本書看，我則補寫還欠著的旅行筆記。

時間在淅瀝瀝的雨聲中，慢慢地流逝。

取了眼鏡，扛上背包，準備到附近的明德國小紮營時，我們又不約而同地看到熟悉的招牌，一起大叫起來：「肯德基！」

令人懷念的滋味，開始在我們的口水中流竄。

嗯，也是該吃晚餐的時候了。

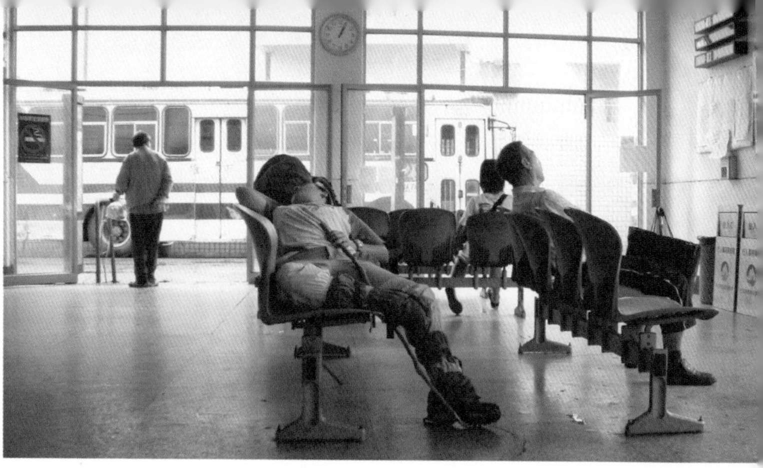

維維的悄悄話

雨，下了快一個禮拜，身上的衣服從沒乾過，總是穿那一件，襪子也是同一雙一穿再穿。黑色的斗蓬雨衣裡悶熱又潮濕，沒多久就可以流一身汗。

今天前往左營一路上幾乎都下著雨，只是有時大有時小。我們順著風車公園靠海的步道往北走，邊走邊玩邊拍照，就這樣來到了渡輪站，準備坐渡輪到鼓山。

一上船，找了個風景好的角落站著。我站在渡輪上用眼睛掃射高雄港，一下子就到了彼岸。我轉身面對閘門，想像自己在登陸艇上，準備在閘門打開時與身旁幾十位騎機車的同袍一起衝出去。十幾輛機車的引擎個個開始運轉，突然閘門開了，我跟在機車後面衝出去，到了鼓山。

然後我們坐公車到了左營，走到了學校，休息。

當然，洗的衣服隔天也不會乾。

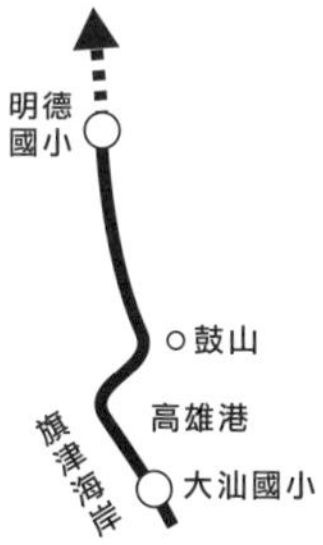

行程時間	07:30～18:20＝10h50'
行程距離	約15km
今日花費	739元
消耗飲水	未統計
要感謝的人	明德國小警衛陳先生。

...next

高雄市左營明德國小
↓
高雄永安永安國中

陰雨天

0811

Day 30

連續下雨的步行生活

她很熱情地把我們的事，大聲地說給一起跳晨舞的媽媽們聽，然後說：「來！我們來給他們鼓掌！」剎時，掌聲便在清晨學校的穿堂中啪啪地響起。

AM 06:00

在梧提颱風帶來的西南氣流下，一直連續下著雨，衣服老是曬不乾，我們已經穿著濕濕涼涼的衣服好多天了。

早晨我們是被跳晨舞的音樂吵醒的。陰雨天裡的六點鐘，天色看起來仍然昏暗。外面還下著雨，跳晨舞的媽媽們，擠到了這個比較寬廣的穿堂，在這裡開始一天例行的早課。帶隊的媽媽向我們道歉：「不好意思，打擾到你們了。」我們睡眼惺忪地說：「沒有關係，我們也該起來了。」

從營帳爬起來，我走向晾著衣物的曬衣繩，摸摸昨天洗晾的衣服，雖然已經不滴水了，但是依然濕濕的。

維維和我把曬衣繩上晾著不乾的衣服帶著，走向大樓底端的洗手間。漱洗後，我們得在廁所裡更換衣服，把身上乾的換下來。我們只有兩套衣服，必須保持著一套永遠乾爽，不然，晚上睡覺就沒有乾爽的衣服可以穿了。脫下了被體溫烘得暖暖的衣服，再把濕濕涼涼的衣服套在身上，當濕濕的衣服和暖暖的肌膚相觸時，感覺真冷！我們都不禁打了冷顫。

在媽媽們跳著熱歌勁舞時，我們一邊收拾著帳棚和裝備。等到背包收拾完畢，扛上肩，跳舞的媽媽們也完成了她們的早課。帶隊的媽媽過來問我們：「你們是登山嗎？從哪裡來？」她說自己也有在登山，看到我們的裝備就覺得很親切。

AM
08:20

「我們步行環島，從台北淡水出發。」
「那你們是從哪一邊過來？東邊還是西邊？」她興趣濃厚地繼續問著。
「我們從東邊宜蘭、花蓮、台東，繞了鵝鑾鼻過來，現在已經是在走回程了。今天是第三十天，預計要走五十天到台北。」
她很熱情地把我們的事，大聲地說給一起跳晨舞的媽媽們聽，然後說：「來！我們來給他們鼓掌！」剎時，掌聲便在清晨學校的穿堂中啪啪地響起。
我和維維揹著背包站在穿堂裡，就像頒獎典禮上準備領獎的學生，覺得很不好意思，向她們道謝後，便走出了學校。

雨勢一早就很大，大雨中夾帶著雷聲和閃電。走在滿地濺著雨點水花的軍校路上，我們經過了很多軍事單位和基地。看到陸戰隊海錨穿過地球的金屬雕塑立在基地的大門口時，就升起一股熟悉而親切的感覺，想到了在車城巧遇的陸戰隊。
在滂沱的大雨中，台17線公路上稀少的車輛，在車尾拉著一片水花行駛而過；公路望上去是一片迷濛，路的遠方除了灰濛外，什麼也分不出來。
走在大雨裡，維維還是高興地不時跑到屋簷下，讓匯集的雨水嘩啦啦地淋在自己身上，或是在積水的路邊踩水踩得水花四濺。

接近中午，在梓官附近便利店外騎樓下的休息區暫歇。
我們先把濕淋淋的闊邊帽擰乾，維維笑著說：「哇！好多水哦！像扭毛巾一樣。」再把斗篷式雨衣脫下，放下背包。
然後，脫下濕濕的防水綁腿和鞋襪，維維嚷了起來：「防水綁腿跟本就不防水嘛！水都進鞋子裡了！」我們再把毛襪擰乾，晾了起來。
維維想要進一步處理鞋子裡的進水，「爸，我要去買報紙，放到鞋裡吸水。」說著便赤腳走進了便利店，帶著報紙出來，再一張一張地塞到鞋子裡。
為了讓報紙吸水的效果好一些，我們索性休息久一點，在這裡吃了午餐、寫完筆記。
維維對這些天來的雨中走路，還能夠適應，沒有抱怨，不時還會忍不住自得其樂地玩水，讓自己在潮濕苦悶的雨中增加點樂趣！

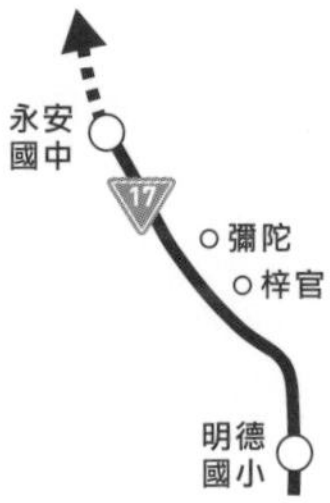

PM

06:10

晚上在永安國中教室裡搭好營帳後，就像幾天來一樣，依然得在廁所外的洗手台前，露天洗冷水澡。下雨天的冷水特別冰冷，外面還吹著冷風。

我們先洗好頭髮，再深吸一口氣，用一些冷水拍拍前胸，讓心臟收縮適應一下。然後鼓起勇氣，把最大量的冷水，一次往身上沖，在最短的時間把身體快速淋濕，在皮膚還來不及反應的時候，趕快抹上沐浴乳，快速擦抹，再用最大量的冷水，在最短的時間內趕快沖洗乾淨。

我們一邊沖洗，一邊冷得「呵呵呵」地大力喘著氣。

最後，拿浴巾迅速擦乾，穿上乾爽的衣服，身體終於開始微微發熱了。好舒服！

維維很快地在營帳裡沉沉睡去，我望著在電風扇下，掛在晾衣繩上一長排吹著風搖晃著的衣服，期望明天能有乾爽的衣服和乾爽的鞋襪可以穿。

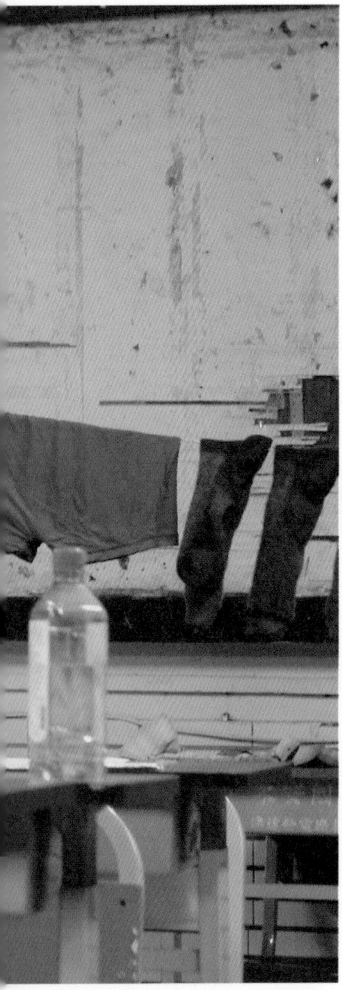

...next

行程時間	06:40～14:40＝8h
行程距離	約20km
今日花費	698元
消耗飲水	未統計
要感謝的人	搭載我們到永安國中開TOYOTA的林先生。在快靠近永安鄉的路上，一輛TOYOTA汽車自動停在我們的身旁，車上有全家四人，問我們要不要載一程？在他們熱情的感染下，我們欣然接受了，一起擠進了他們的車中。
	永安國中的蔡主任開了一樓穿堂旁的一間教室，讓我們借宿。在這樣不時刮著強風的雨天，有教室住對我們來說，實在是太好了。
	我們到永安國中外的小店吃晚餐，餐後留在那裡看電視，老闆娘和我們聊天，她好像知道我們。她說她也是台北人，嫁來這裡，還特別調製了兩杯「金桔蜂蜜龍眼酸梅茶」請我們喝。我們喝得瞇起眼睛來，好酸！但還是好喝。

0812

Day 31

高雄永安永安國中
↓
台南市朋友家

陰兩時豪雨

依然天真的孩子

三立記者想要採訪她，她說：「不行！被我老媽知道我偷偷環島一定會被罵死！」於是，騎上機車一溜煙地跑掉了。

AM
07:10

一個月過去了，環島的行程走了一半多。我們已經習慣從帳篷中爬起來開始一天的生活，不論晴天或雨天，對我們的內心來說，影響都不大，依然得要繼續走路。對於習慣了的生活開始放鬆信任，維維心中最自由、最像小孩的天真部分，也就自然地又流露了出來。

將裝備收拾好，我們就坐在教室的講台上吃早餐，吃的依然是乾糧和罐裝食物。我把餐後的垃圾處理了，然後整理昨天被我們移開、空出紮營地的桌椅。這時，維維自得其樂地在講台上玩著。

邊排著課桌椅我邊問他：「維，你在玩什麼？」

「戰艦。」他說。

我追問：「什麼戰艦？」

「還不到航空母艦那麼大，應該是巡洋艦或是驅逐艦，還有一艘武裝太空船。」他自己專注地玩著，低著頭回答。

復原了課桌椅，我看著他在講台玩耍。

原來，他把早上吃完罐裝牛奶花生所附的塑膠湯匙前端橢圓形的部分，留下來當成了戰艦；把綁腿上磨斷的鞋底帶的安全扣，有兩叉突出的子扣，當成武裝太空船。在當成海洋的水泥講台平坦的正面上，發生了海空遭遇戰。一場比美《珍珠港》電影的海空遭遇戰，在他的想像中戰況正激烈……

我輕輕地對他說：「報告長官，我們部隊應該要開拔了！」

說時遲，那時快，他手中的武裝太空船被另一手的巡洋艦防空高炮擊中，冒著黑煙「咻～碰！」墜落在講台的海面上。

我問他：「好玩嗎？」

維維笑著看著我，有點不好意思地說：「爸，我這樣是不是有一點智障？而且很幼稚？」他收拾起了自在和天真。

我笑著：「還好啦！來！幫你的戰艦拍一張，做為勝利的紀念。」

一場慘烈的海空遭遇戰，便隨著我們環島部隊的開拔中，結束了。

PM
01:10

上午終於不再下雨，我們很高興能穿到乾爽的衣服，腳上也能套著乾爽的毛襪。今天要進到台南市，晚上住在朋友家。

暫歇在情人碼頭遊樂區吃了午飯準備再度上路時，狂風暴雨又開始迎接我們了。一個不知哪裡來的腳踏墊，被大風狂捲而來，「碰」地重重地打在門口的強化玻璃上。

我們才出門，斗篷雨衣就被大風吹得掀開，雨水全淋到身上來了。我們被風吹得站不太穩，背著背包蹌踉地走著，大雨打在身上碰碰作響，打到臉上有點刺痛。

我們不太敢走在種著路樹的人行道上，看著路樹被風吹得彎彎的，真怕路樹被強風吹斷，砸在我們身上。但是走在公路邊上也有困擾，狂下的大雨讓排水流不掉，路邊積了很多水，我們怕水會淹過防水鞋，那麼腳上僅存的那麼一點乾爽也將保不住了。

兩難中，最後還是選擇了走在公路慢車道的邊上，為了避開太深的積水，必須不時走到無車的內車道上，在一陣一陣強風中冒雨挺進。

到了在茄萣鄉台17線旁的海岸臨風亭附近，三立電視記者在風雨中追上了我們。趁風雨暫歇的片刻，我們在海岸邊的臨風亭小坐，讓維維接受採訪。採訪中維維很開心，我呢，在一旁幫他拍照，今天他是主角。

採訪後，三立記者跟著一起步行，拍攝我們在風雨中依然持續挺進的畫面。

在跨過二仁溪的橋上，我們遇到一個騎機車的女學生停佇在橋中央，看著風雨迷濛的遠處，像是戰火硝煙的風景。

我問她：「你一個人旅行嗎？」她說是環島。

PM
04:50

我說：「我們也是，我們走路，陪我兒子，小六畢業。」我拍拍一旁的維維。
她驚奇地說：「哇！佩服！」
我也回她說：「對你也佩服，女生一個人環島很需要勇氣呢！」
三立記者想要採訪她，她卻說：「不行！被我老媽知道我偷偷環島一定會被罵死！」趕緊騎上機車一溜煙地跑掉了。

進了台南市，我們在便利店外放下濕濕的裝備休息。維維又將所有的鞋襪脫下來，買了報紙塞入鞋內，要吸乾防水鞋裡的進水。
在很大很大的大雨中，朋友慈峨及謝媽媽開車來接我們。

晚上，她們帶我們到一家很有特色的泰國餐廳，請我們吃很棒的泰國餐。
慈峨對謝媽媽說：「你不要看維維個頭那麼大，他才小六畢業而已，還是一個小孩耶，居然敢做這樣的挑戰。」一邊吃著，大家一邊舉杯相互祝福、加油。
店內幽暗的燈光中，佈置了很多泰國的面具藝品和獸頭神像，維維悄悄對我說：「爸，這些神像有一點恐怖耶。」
我說：「這些都是藝品，不用害怕。」

維維在這一個月裡，經歷了烈陽、夜行軍、露宿加油站、沒路的古道、石頭海岸、颱風、大雨等各種旅途的挑戰和磨鍊，已經對艱辛的旅程甘之如飴了。但是，外表和我幾乎一般高大的他，內心依然是個天真的孩子。
我在心裡，為這個心愛又超棒的孩子，乾杯！

...next

說走就走 Day31

行程時間	07:45～17:15＝9h30'
行程距離	約19km
今日花費	240元
消耗飲水	未統計
要感謝的人	風雨中辛苦的三立電視採訪人員。
	台南的朋友慈峨及謝媽媽。
	經過一個加油站，一個在加油服務的嬌小女生，跑來路邊問我們：「是不是挑戰環島？」我說：「是啊！」她便對我們大聲說：「加油！加油！」然後對我們深深地鞠躬。我被她這個舉動深深地打動了，眼睛突然濕潤起來。

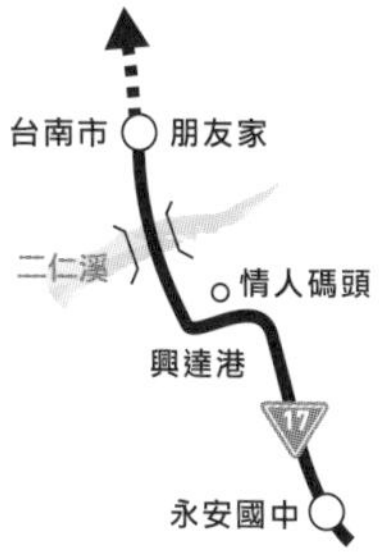

0813

Day 32

大雨天

大雨滯留台南市
朋友家

安平古堡一遊

這是他在環島的行程中，唯一指定要看看的地點，問他原因，他說：「因為課本有提到，這是台灣開拓的時候最繁華熱鬧的地方！」

早上我們醒來，兩個人都有點懶得動，維維壓在我身上，一起躺著聊些事情。聊走過的路，坐警車、泡冷泉、古道、石頭海岸、墾丁沙灘車、陸戰隊、軍隊訓練等等。巨大的他把我壓得有點透不過氣來，我想到了他的傷口，於是翻坐起來，看看他膝蓋上的傷已經怎樣了？

我仔細地檢查，傷口好了很多。外圈的部分已經掉痂了，新生皮也長了起來，看起來尚且白晰紅潤；中間大約還有十元銅板大小的結痂還沒長好，有點濕濕的。因為一直下雨，傷口會淋到雨水，雖然塗了曼秀雷敦油性藥膏做防水，也蓋上紗布，但是連紗布也被雨水淋濕了，防水狀況不好。

泡到雨水的傷口，有些腐爛，維維說：「聞起來有些臭臭的，像是腐肉味。」

我看著傷口的結痂說：「嗯！看起來好很多了。以前我小時候，被刀子割到，好像三、四天就好了，我小時候皮膚的再生能力很驚人哦。」

維維羨慕地說：「爸，那我皮膚的再生能力呢？」

我說：「也不錯啊，這麼大的傷口，如果不是因為下雨泡到，一直乾不了的話，大概一個禮拜就好了。」聽我這麼說，他還蠻滿意的。

還沒出發前，我看著台南沿海的地圖規劃行程時，維維說：「爸，走到台南時，我想去看看安平古堡。」

我說：「沒問題啊！」在地圖上安平古堡附近，也有一些學校，到時落腳紮營很方便。

臺南市立
臺灣開拓史料蠟像館
英商德記洋行
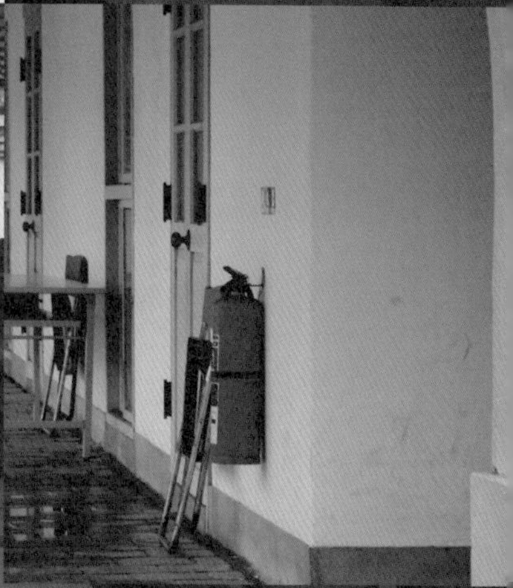

早上的雨勢依然很大，原本計畫上午要看安平古堡，下午繼續上路的，在謝媽媽的堅持勸阻下，就滯留在這裡。下午兩、三點，慈峨開車載我們到台南安平區逛逛，億載金城沒有開，我們就到安平古堡。從外面的紅磚階梯直接走上去，看到一些古老的砲台，又上了瞭望塔，再進到文物陳列館參觀。

這是維維在所有環島的行程中，唯一指定要看看的地點，我好奇地問他：「你怎麼會想到要看看啊？」

「因為課本有提到，這是台灣開拓的時候最繁華熱鬧的地方！」

古堡旁的西門國小蓋得很漂亮，住過那麼多學校，讓我一看到學校就會產生親切和興奮感。我們在學校的操場上走著，維維看到單槓，就想到軍事的訓練。

「爸，你單桿可以拉幾個啊？」

「當兵的時候大概可以一、二十個吧。」

「你要不要拉拉看？」他說。

「好哇！」

我說完就背著只裝了一組相機大約四公斤的相機包，來到最高的單桿下方，抓住單槓便拉引體向上。「一、二……」維維在旁邊數著，還沒到「三」我就不行了。

維維笑我：「爸，你現在很遜耶！」

我搖搖頭說：「老了老了，不行了，那換你。」

他抓住單桿，用力……結果，一個也拉不起來。

我們又笑起來。我說：「你要加油喔！」

樹屋是相當美麗的地方，原本是舊屋子，長了榕樹，最後巨大的榕樹和屋子合體了。

榕樹的根枝穿透了屋子，殘破的屋子沒有修復，周圍搭建了讓行人參觀的步道。

穿梭其中，有點奇幻世界的感覺，如果是晴天，陽光透過樹隙和屋頂殘破處灑落，一定相當美麗。陰雨中，也有種滄桑和淒涼。晚上的話應該就會帶點《倩女幽魂》的恐怖氣氛了。

殘破乾淨的屋子，配上介紹樹屋的現代陳列板，很後現代。我發現這裡是拍攝人像照很棒的場景，當場就想拍維維幾張，他不願意配合，老是閃躲。

我只好繼續拍些別的東西。

從相機的取景觀中看去，榕樹的氣根在在微雨中綴著水珠，有特別的美感，我自然地按了幾下快門。

我們再去參觀以前的德記洋行，現在做為台灣開拓史料蠟像館，館內陳列著台灣開拓史料和蠟像。對過去人們的生活樣貌，我們又多了一些認識。

維維和慈峨走在一起，慈峨超喜歡維維，一直和他聊天。我們在操場上閒晃著。這是悠閒的一天。

行程時間	0
行程距離	0km
今日花費	40元
消耗飲水	未統計
要感謝的人	慈峨、謝媽媽、謝伯伯及他的家人。

...next

0814
Day
33

小雨時陰

台南市朋友家
↓
台南將軍將軍國小

AM
09:00

超級歡樂的片刻時光

鹽山是灰白色的，像雪山一樣，有一條階梯步道可以登上山頂，我們踩著階梯上去，感覺好像踩在合歡山下過雪後硬化的階梯上一樣。

天氣轉好，我們的心情也開始好了起來。只要不穿雨衣走路，維維和我內心世界裡的那個天真小孩，又開始蠢蠢欲動。走著無聊的公路時，我們又無厘頭地搞笑耍寶了。這樣走路，可說是超級快樂。

慈峨和謝媽媽開車一路送我們到了七股鹽山。她們離開後，我倆把背包裝備放在遊客休息區的桌上，就跑到鹽山上玩。

看著鹽山，維維問：「爸，這是我們吃的鹽哦？」我說：「是啊！」

「哇！鹽堆得像山一樣，感覺很壯觀耶！」維維在山下看著鹽山說。

鹽山是灰白色的，像雪山一樣，有一條階梯步道可以登上山頂，我們踩著階梯上去，感覺好像踩在合歡山下過雪後硬化的階梯上一樣。在山頂眺望了附近的景色後，我們又下來，我在鹽坡上拍著鹽的結晶，維維則是找他覺得最漂亮的結晶鹽塊，要帶回去做紀念。我們厚重的登山鞋踏落在鹽坡上，結晶鹽被踩得卡卡作響。

除了那輛才來了十分鐘就開走的遊覽車，整個鹽山遊樂區，就只有維維和我兩個人了，我們就在這裡隨意地逛進又逛出。

維維拿著結晶鹽說：「爸，這些結晶看起來好漂亮哦！」我們還發現結晶鹽塊有幾種不同的樣子。

我看到了鹹冰棒，問維維：「要不要嘗一嘗？」

他皺著眉頭，一臉噁心地說：「冰棒是鹹的？很噁耶！」

我便激他：「你不是說要嘗嘗當地名產的嗎？」

AM

11:40

「好吧！」他點頭認了。

帶著一種不知會是什麼味道的心情，咬下第一口時，我們的表情頓時豁然開朗。「嗯！還不錯吃呢！」

我們又看到另一堆潔白的鹽山在眼前，維維要求我說：「爸，你幫我拍，要好像在南極冰山的樣子。」我配合他難得的要求，幫他拍了幾張。

從鹽山出來，我們走南34號道路，銜接台17線濱海公路。這條路上，佈滿了大大小小的魚塭和養殖池。有些養殖池上還佈滿了細網，看到上面掛著鷺絲鳥的屍體，我們才知道是為了防鳥用。

下午的天氣很好，雲層雖然有點黑黑的，但是沒有下雨，也不熱，走著路很舒服。

步行中聊著聊著，我的腦袋裡浮現了一些老歌，我就一直重複唱著。

維維很快也學會了旋律，便用他的口技學起了小喇叭為我伴奏。然後，我也學用口技模擬低音喇叭，為他的小喇叭配樂。他見我換了樂器，再用手杖當起鼓棒，把我的背包當成鼓，碰碰碰地敲了起來。

我們一邊走路，一邊就在這無人又無車的鄉間公路上，快樂地敲敲打打、哼哼唱唱著慢慢前進。

我們最愛的是已經忘了歌名的這首曲子，同樣的旋律，歌詞有兩種，兩種我們都唱，最後就亂套歌詞了。

「小河彎彎，流水不斷來，河邊的水草，隨風飄過來，流水長在，長流到天外，誰知道我的愛情哪裡來？」「哎呀媽媽……，哎呀媽媽……」

「哪個不想，出人頭地，說起來簡單，做起來不易，哪個不想，登峰造極，到頭來問一問你自己？」「哎呀朋友，你有沒有付出努力，哎呀朋友，你有沒有自暴自棄？哎呀朋友，你有沒有堅定不移，到頭來成功要靠你自己。」

這首歌旋律輕快，唱起來心情很好，隨著節奏走起路來也很輕鬆。同時也激勵著我們自己，走路環島的成功要靠我們自己堅持努力。

PM
04:00

維維問我：「爸，你為什麼會唱這些老歌啊？」

「這些歌都是在以前奶奶買的唱片裡的。我小時候，每天一大早，奶奶便很大聲地放這些唱片，幾乎整個松崗的村子都聽得見，我每天都得蒙著被子才能再睡覺，但是，也不知為什麼，這些歌就這麼記進我的腦子裡了。」

「高中一年級的時候，我住校，同學拿著一本歌本唱歌。我看到了，便和他一起唱，裡面的每一首歌，我只要哼一下簡譜，看一下歌詞，就會唱了。同學很好奇為什麼每一首歌我都會？我就說，聽過我媽媽放唱片，不知不覺，就全部都學會了。」

「小時候，奶奶有很多很多的唱片，有一天，不知道為什麼，她把唱片和唱機全部都一起扔掉了。」「那些唱片，如果現在還有的話，大概變成古董了吧。」

我們一路走著，一路說話聊天，三不五時來幾句「哎呀朋友，你有沒有……」「哎呀朋友，你有沒有……」然後一直笑。整段路充滿了屬於我們自己的樂趣和歡笑。

接近傍晚，又下起雨來，我們的歡樂時光隨著雨滴的來臨而結束了。

穿上雨衣後，我們又陷入在各自的沉默中，路上只有雨聲、腳步聲、手杖聲和汽車濺起的水花聲。

到達將軍國小，學校老師交代替代役警衛開大禮堂給我們住，整個禮堂大而空曠，我們站在禮堂的一角，渺小地感到有點空虛。

巡視禮堂的每個地方後，我們決定，就找一個比較有安全感的角落來紮營吧。

晚上，媽媽來電話說，又有一個強烈颱風「聖帕」要來了，大概會在後天登陸。天氣看來又要轉壞了。

...next

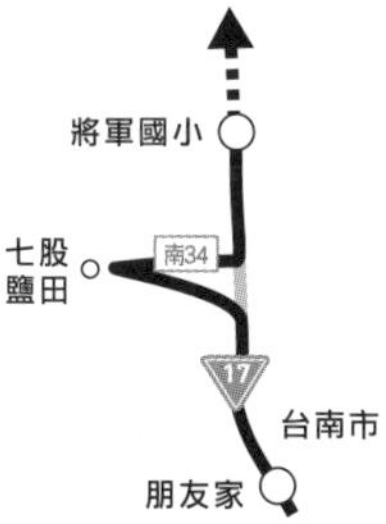

行程時間	08:30～16:00＝7h30'
行程距離	約38km
今日花費	364元
消耗飲水	未統計
要感謝的人	台南的朋友慈峨與謝媽媽。
	近中午，我們在鹽山遊樂區沒找到賣餐的，就問賣豆花的老闆，他說要在外面才有。
	他看到我們背著裝備和我們聊過後，覺得我們走路環島很棒，就送兩盒雞爪、雞胗及
	兩杯豆花給我們，說先吃點墊墊肚子，我們感謝並請教他貴姓，他卻不肯說。
	將軍國小的老師及警衛。

0815

Day 34

又是雨天

台南將軍將軍國小
↓
嘉義布袋布新國小

AM 11:40

我們的奇異恩典

維維伸手給我，說：「爸，我們牽著手走。」面對難得的貼心，我握著他的手，並排走在往來車輛稀少的橋上，帶著一種幸福感，慢慢地走過烏雲壓頂的嘉南大橋。

在學校的大禮堂中，我們收拾著裝備，維維自然地吹起了〈奇異恩典〉的口哨，樂音回蕩在空空大大的禮堂中，引發回聲和共鳴。伴著他的口哨聲，我也加入，兩人口哨合奏的〈奇異恩典〉，在大禮堂裡聽起來帶有一種神聖感。

〈奇異恩典〉是維維和外公外婆上教堂時學來的，是他最喜歡的音樂之一。

出了學校，我們到校旁的便利店吃早餐。還算早，除了店員外沒有其他人，我們靠在玻璃牆邊的休息桌上吃東西。我望著窗外，露天活動咖啡座的遮陽傘沒有打開，掛著的耶誕鈴鐺掛飾輕輕地觸及玻璃桌面，風來時，便微微晃著。

公路安靜而濕漉，偶爾劃過一道汽車輪胎壓過的水聲。我們慢慢地吃著，偶爾講上一兩句話。這樣的氣氛，充滿一種空靈與平靜。

走上公路後，雨一直沒停。濕漉漉的公路上，只有我們沿著台17線濱海公路最右邊白色的行道線旁，在雨中慢慢地向北前進。走累了，我們便在騎樓下席地而坐；遇不到騎樓的地方，就靠著公路的安全護欄休息。

我們走得越久，雨也下得越大。我們的雨衣又開始進水，衣服又開始淋濕，維維不時地說：「爸，我感覺到水在我的鞋裡流動了。」

接近中午，走到了南鯤鯓，在便利店外騎樓下的休息區暫歇，吃點熱的東西。騎樓外大雨紛飛，還夾帶著強風，雖然在騎樓下，我們依然被斜風下飄進來的雨水打濕。

從便利店走到南鯤鯓的公車總站，看到一輛停著的公車，本想坐公車、不繼續走了。問了司機，才知道這輛公車是往南的，不會向北走，我們的希望跟著泡水了。

PM 02:45

走上跨過八掌溪的嘉南大橋時，我們看見天空正好在橋的上方分成兩邊，西邊空曠明亮，東邊在低低的烏雲下，黑壓壓地密佈一片，壓得人也似乎難以喘息。來回共八線道的嘉南大橋，在這樣詭異的雲空下空曠筆直，不見盡頭。

維維伸手給我，說：「爸，我們牽著手走，好不好？」我覺得有點奇怪，三十四天來他第一次要求牽手，通常是我要牽而他不肯才對。面對這樣難得的貼心，我握著他的手，並排走在往來車輛稀少的橋上，帶著一種幸福感，慢慢地走過烏雲壓頂的嘉南大橋，進入了嘉義。

PM 05:00

傍晚，我的腳踝和腳底已經痛得難以忍受，只能以很小又很慢的步伐前進，還必須把身體的重量盡量放在樹枝手杖上分擔。維維也走得很累了，我們決定再掛上搭便車牌，希望能搭個便車，盡早找到學校休息。

維維熱切地期望遇到好心人搭載，可是並不如所願。一輛輛汽車從我們身旁錯身而過，他忍不住生氣抱怨：「為什麼都沒有人要停下來？還開那麼快！」

我撐著痛腳蹣跚走著，不想聽到這樣的抱怨聲，會影響到我的心情。

「維，不要再生氣抱怨了！你的抱怨會產生不好的能量，會影響別人接近我們。」「你要試著放鬆，學著順其自然，學著信任好事會發生在我們身上。」「我們已經放出了要搭便車的消息，現在，我們就耐心等著，保持愉快的心情，你要相信，會有人來搭載我們的！」

「來，來走在我的旁邊！」

和他並排走著，我吹起了口哨，吹著早上我們一直吹的〈奇異恩典〉，用愉快的心情慢慢地向前進。說也奇怪，才吹完第二輪，一輛轎車便停在我們身旁。

我對苦著一張臉的維維微笑，說：「你看吧！」

開車的蘇先生說，他在北端的布袋上班，剛下班要回南邊的新塭，在對面車道看到了我們，便重新繞回來，看看我們需不需要載一程。「你們想到哪裡？」

「到前面布袋找到國小就可以了，我們想借宿學校。」

他將我們載到了布袋漁港旁的布新國小，在學校門口放了我們下車，還建議我們在布袋可以租竹筏出海玩玩。我們道謝後，和他揮別。

我們順利地借宿學校後紮營在體育館的側廊下，又如願地借到旁邊游泳池的淋浴間洗澡。晾了衣服後，我陪著維維在營帳裡，在他沉沉的打呼聲中，腦袋裡還迴盪著一天來〈奇異恩典〉的餘音。

行程時間	07:20～18:00＝10h40'
行程距離	約25km
今日花費	1441元
消耗飲水	未統計
要感謝的人	搭載我們到布新國小的蘇先生。
	我們在布新國小打掃側廊準備紮營的時候，遇到一個教英文的蔡老師，她和我們聊天，知道我們環島要在這裡紮營，說可以到她家裡洗澡，並留下了電話給我們，我們謝謝了她。
補充	事後，我問維維，為什麼一早會用口哨吹〈奇異恩典〉？他說，因為慈峨阿姨在有點恐怖樹屋時，一直對他說我們走在荒野，會遇到很多鬼怪魍魎，要我們回台北到廟裡淨身，另外還說原住民獵人頭後還尊敬保護，每年都要拔一根頭髮等這些恐怖的事；夜行軍睡過加油站後，他本來已經不害怕了，可是經過慈峨阿姨一直說，看到大禮堂又那麼空曠，又開始覺得恐懼起來，吹〈奇異恩典〉心裡比較不會害怕。我聽了才明白，因為慈峨關心的一席話，讓維維心裡產生了恐懼，內心也開始躁動和不安，過橋時才想要牽手，下午才有情緒和抱怨。他一路來慢慢建立起來的內在信任，被新生的恐懼所瓦解了。

...next

嘉義布袋布新國小
↓
雲林口湖金湖國小

晴天

0816

Day 35

隔海遙慶到達台灣最西邊

維維一邊喝著剩下的可樂，一邊說：「爸，我沒有用很多曼陀珠耶。因為我想留著給自己吃，可樂也是。」

AM 06:55

收拾好了裝備，我帶點迷迷糊糊，拎起了鞋子坐到台階上。鞋子還是濕的，我把塞緊的報紙拿出來，裡面依然濕涼。正要把腳伸進鞋裡，看見鞋子上有點綠綠的，本來以為是小植物的落葉吧，仔細看才發現不是。

看著那兩片綠色嬌小的葉片，我自己呆笑著，好一陣子後，跟正在收裝備的兒子說：「維，我的鞋子發芽了！」

維維聽了很好奇地趕快過來看，也開始笑了，說：「爸，不知它會不會長大？」

我說：「我也不知道。」我們拿出了相機把它拍了下來，就決定留著，看它的造化。大概是走古道時野草的種籽塞在鞋子裡吧，然後，又下了那麼久的雨，鞋子也沒乾過，就成了種籽的溫床，天氣放晴後便發芽了。

維維看到我鞋子上發的綠芽後，很羨慕，也把他的鞋子拿起來找了一遍，什麼也沒找到，失望地說：「爸，如果我放一個種籽在鞋子上，它還會不會發芽啊？」

「你可以試試看啊。」我帶著安慰對他說。

颱風看來更近了，外圍的風把雲都吹走了，天空看起來清朗，天氣轉好了。

今天上午要到東石港，看看能不能到外傘頂洲，在台灣的最西邊做到達的慶祝儀式。

AM 08:00

布新國小是在布袋西邊的一個小島上，和陸地隔著一條溝式的布袋漁港。早上，我們走過布袋漁港上的公路橋樑，看到了一籃籃的蚵殼，這裡的漁港又呈現出另外一種不同的漁村風景。

過了漁港，我們無意間看見了公車站牌。想到昨天走路腳痛到不行，我們想，今天得輕

鬆一點。可能的話，上午就先坐公車到東石港，下午再繼續步行。

我一直研究著招牌上的地名，怎麼也看不懂，要怎麼坐車才會到東石港？一直問到第四個路人，才搞懂了：這裡沒有直接到東石港的車，要先到港墘再換車。

坐上了客運，一路向港墘前進。我擔心下錯車站，問了司機怎麼到東石港後，便在旁邊候著。到了港墘的農會前，司機就告訴我們下車了，再到農會前的電線桿旁的公車牌等，就有到東石港的公車。

AM
10:00

這時候的天氣，已是想念很久的豔陽天，可是也開始好熱了。

我們在站牌下曬了一陣子，沒見到公車來，就到鄰近的冷飲店，再詢問公車會來的時間，顧店的小姐回覆我們，時間不一定。

店內大牆上貼滿了王建民棒球賽的照片，正好電視上也播著王建民的棒球比賽，維維被電視吸引了，呆站著看著。我們就點了西瓜汁和蜂蜜檸檬汁，順便解渴。

冷飲店老闆的女兒劉小姐很熱心地幫我們聯繫找船到外傘頂洲，可惜海巡修改了規定，出海必須前一天申報，今天是不能出海了。談話中她多次提及，如果這裡不忙，她可以開車送我們過去。

我們喝完冷飲後，她決定要親自送我們。放下了店內的事，對她媽媽說：「我送他們到東石港就回來。」她媽媽對她這樣，一直唸著，我們在場也有一些尷尬。

在車上她說，自己守在這店裡都已經四十多歲了，她也很想像我們一樣到處旅行。因此看到我們，她很高興，很想送我們一程。

到達東石港，我們在漁港邊閒逛，遊人很少。既然不能到外傘頂洲去，我們就沿著海邊的步道走，找到一個最靠西邊海岸的觀景台。我們在台上，背對著遙遠地平線外的外傘頂洲，做到達台灣最西邊的慶祝儀式。

AM
11:30

經過維維的實驗，這次我們換成可樂加曼陀珠，再向天空噴灑。

我們將背包放在地上，維維拿出了可樂和曼陀珠，我將相機準備好，噴可樂的慶祝儀式就要開始了。我依然引導倒數「三、二、一、開始！」這次，可樂噴得很高，我們都很興奮，在相機高速凝結的快門抓取下，可樂像是飄浮在空中的水滴，超級美麗。

維維一邊喝著剩下的可樂，一邊說：「爸，我沒有用很多曼陀珠耶。」

我問他：「哦！為什麼？」

「因為我想留著給自己吃，可樂也是。」我聽了便一直笑。這孩子，超可愛。

路上看到許多蚵仔的招牌，吸引了我們，午餐時便點了炸蚵仔。這裡的蚵仔好肥好大，是我們這生第一次看到。

本來就不太敢吃蚵仔的我們，吃著這麼肥大的蚵仔，吃到後來有點反胃，沒辦法吃完。

餐店中有人認出我們，大談我們父子的環島，老闆和老闆娘熱情地多請我們一盤花螺。我們很謝謝他們，花螺味道還不錯，殼也很漂亮。餐後，維維挑了幾個帶回做紀念。

PM 01:10

從東石港出來，我們走166線縣道接台17／61線省道，再往北走。

天氣依然很好，也依然炎熱，道路上依然沒什麼車輛。我們靠著台17的內側車道最左邊，躲在中央台61線快速高架道下的陰影中前進。

一輛大發汽車駛到我們身旁，車上一對父子招喚我們上車，主動載我們一程。他們車上放了釣具，想必是外出釣魚吧。

釣魚父子在宜梧的高架橋下放下我們，離去前還送了一串說是蜜焦的水果。每根蜜焦不到一般香蕉的一半大，卻很甜，這也是我們第一次吃到的水果。

PM 06:10

颱風前、颱風後的天色是最美的，在金湖國小落腳後，我提議到靠海邊去走走。天色即將暗下，維維不肯。

我開始用半撒嬌的口吻對他說：「兒子，好啦～好啦～」

他看我這樣難纏，只好勉為其難地應了聲：「好啦！」

魚塭的黃昏別有風情。我拍照的時候，維維索性也向我調了一台相機自己拍。他將相機反拿，拍出來的相片是倒反的，和平常的視覺經驗不同。

他一直驚訝地說：「爸，你看，這樣拍出來很棒耶！」就這樣，他很快樂地拍照著，做個小小攝影家。

天暗了，一彎弦月斜掛空中，我們聊著天，慢慢地走回金湖國小。

想起了早上鞋子上的綠芽，拿起鞋來一看——今天太熱，鞋曬乾了，它也枯了。

行程時間	07:30～17:00＝9h30'
行程距離	約43km
今日花費	1021元
消耗飲水	未統計
要感謝的人	從港墘載我們到東石港的劉小姐／台61線路上載我們一程的釣魚父子／學校的老師和警衛。
補充	前幾次慶祝用啤酒都噴得不高，維維想到探索頻道謠言終結者節目中，有做過曼珠加可樂會氣爆的實驗，他認為這是個可行的辦法。先前，我們在便利店還小試了一下，結果真的會強烈地冒泡。維維還好奇地試驗，吃了曼陀珠再喝可樂會怎樣？結果發現會胃漲氣，幸好我叫他曼陀珠跟可樂都不要吃喝太多，不然不知胃會不會脹得受不了。

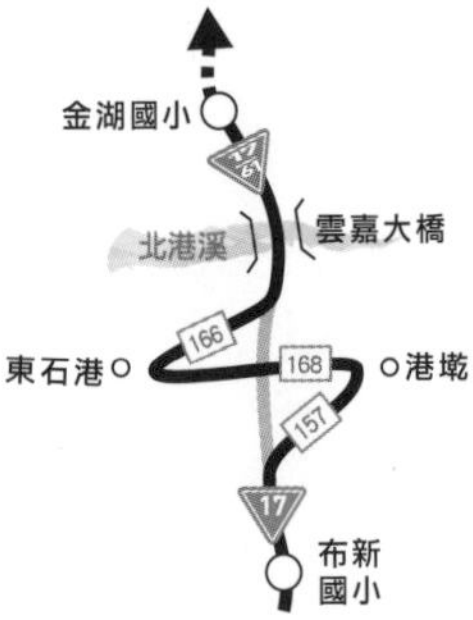

...next

0817
Day
36

晴午後陰

雲林口湖金湖國小
↓
雲林麥寮聚安旅社

颱風又要來了

維維反對：「我不要。我不要住廟。如果是教堂可以。但是廟不行。」「台灣的信仰和廟，讓我感覺有點恐怖。」

AM
04:00

凌晨四點鐘，腹部劇烈疼痛，痛得醒過來。電風扇依然吹著。我覺得全身很冷很冷，冷得分不出到底是胃痛還是腹痛。

吃了不乾淨的東西，得急性腸炎了嗎？連忙到洗手間蹲，又好像不是，並沒有嚴重的腹瀉。腹痛依然持續，然後開始嘔吐，晚餐的食物還沒有消化完，又全都吐了出來，到最後沒有東西可吐，只剩刺刺辣辣的胃酸。

我坐在床前覺得好冷，從背包找出薄夾克穿上，呆坐著休息，心想自己的身體是怎麼了？一面看著維維，羨慕他睡得很沉很香。

也許是胃痛吧。我把早餐要喝的米漿拿了出來，把野營的炊具準備好，在行軍鍋裡倒一點水，隔水把利樂包的米漿加熱，拿出健胃仙配著熱熱的米漿喝下去，才稍微覺得舒服。重新躺回床上，似睡非睡、似醒非醒地捱到了天亮。

AM
11:00

沿著台17／61線公路北上，路上荒涼又單調，我的精神和身體都不是很好，步行的速度緩慢。路上沒怎麼和維維說話。

慢慢地，我們走過了下崙，又走過了飛沙，十一點走到頂飛時，一輛後貨台架有帆篷的小貨車停在我們旁邊。一個年輕的先生下車，問我們：「要不要載一程？想到哪裡？」我的身體況狀欠佳，便和維維決定坐車。我們坐在後貨台的釣漁箱上微微晃著。

維維說：「爸，我第一次坐這種有帆布的貨車耶。」

我想起當兵坐的軍用大卡車，對他說：「我以前當兵坐的軍用卡車，像二戰美軍的大卡車一樣，也是像這樣有搭帆布的。」

維維好奇地問：「怎麼坐啊？」只要遇到跟軍事有關的，他的興致就很高昂。

「軍車兩側有長木板椅，阿兵哥就坐在椅子上，如果人多，沒有椅子坐的，就只好全部坐在中間地上囉。」

在台西下了小貨車，扛上背包才發現，第十九天在台東穿越山徑古道時砍下的、陪了我們走了十七天、相當具有紀念價值的樹枝手杖忘在車上了。

「哎呀！怎麼忘記了！那是我們挑戰古道艱苦的紀念耶！」

我們都覺得有些遺憾，但是，也沒辦法了。

從台西走向崙豐，我們準備搭客運前往麥寮。因為用手杖走了十幾天的路，沒有手杖很不習慣。於是我們就在路邊的枯枝中，又找了兩枝手杖替代。

等公車的時候，維維無聊地沒事找事做，拿起隨身彈簧刀，把樹枝的皮削得光光的。

又到便利店要了一雙竹筷，坐在地上削竹筷做弓箭，因為昨天他看替代役警衛這麼做，也想做一個。在折彎弓時，需要用火烘烤定型，一個不小心就把整支竹弓燒了。

他笑了起來，說：「爸，弓箭著火了。」看著燃燒的竹筷也很開心。

PM 01:30

一輛高速巴士到了崙豐車站，我問：「有到麥寮嗎？」司機用手勢指著車門揮著，示意要我們上車，並說：「盡量坐到後面去。」

我帶著維維上車坐到後排，這輛車沒什麼人。

維維小聲問我：「爸，怎麼回事？」

我說：「司機好像讓我們搭便車。」

我們坐著舒服的高速巴士，到了麥寮。下車時，司機給一個站務人員簽核文件，我正要向司機要說聲謝謝時，他趁站務人員不注意，把食指豎著放在唇上，輕輕地對我們搖搖頭，並用手勢指示要我們由車後走去。

哦！我懂了。我拉著維維往車尾走。

維維小聲地問：「爸，又怎麼了？」

我也小聲地對他說：「等下再說。」

離開車站後，我帶著幸運和感激對維維說：「司機讓我們免費搭便車，不能讓公司知道，因為我們沒有買票。」

PM
02:30

麥寮看起來並不很熱鬧，不是很大的城鎮，我們在街上繞一下，看見了警察局，前去詢問這裡是否有可以住的地方？警察建議我們到附近廟的管理委員會問一下，他們有香客大樓可以給人住宿。

我對維維說：「維，這個建議聽起來不錯。」維維反對：「我不要。我不要住廟。」

「不是廟，是他們給拜拜的進香團的人住的地方吧。」

他依然堅持：「如果是教堂可以。但是廟不行。」

「為什麼？」我再問他。

他說：「台灣的信仰和廟，讓我感覺有點恐怖。」

「你在松崗山上爺爺那裡的時候，也在廟那裡玩，你會怕嗎？」

他說：「松崗的廟不會，可是這裡的廟那麼大……」他一直堅持不行，不能住和廟有關的地方。於是，我們只好尋找看看哪裡有旅社。

我們家沒有任何宗教的信仰。

我父親家信奉的是「天地國親師」的民間信仰，而媽媽她們娘家那裡信仰的是基督教。維維到爺爺奶奶家就要磕頭拜拜、燒香、燒紙錢，到了外公外婆家就要禱告、做禮拜和唱詩歌。在我們自己家則什麼都沒有。

我們在家裡也沒有任何宗教的活動，也許不常接觸，維維對宗教有一種敬畏，對台灣普遍的廟和信仰更是懷著畏懼。

在街的這頭，我們找到了一間旅社，進去後沒看到人，便穿過建築物到另一條街的出口。看到一個男人在櫃台喃喃自語，也不理我們，我們覺得有些詭異，便趕快離去。再找第二家住了下來。

媽媽來電，說超級強烈颱風「聖帕」今夜會登陸。我們想，明天大概也無法上路，就訂了兩天住宿。進到房間裡，下了背包後，發現到處都是小紅螞蟻，我向老闆要了一罐殺蟲噴液，幾乎快把它噴完了。

為了避免被房間內殺蟲液的味道薰昏，我們開著電扇通風，趕快外出吃晚餐，順便採購避颱的乾糧、零食、飲料和飲水。得等待這個超級颱風走了，才能繼續行程。

說走就走 Day36

一整天，胃一直痛著，背包裡的胃藥，也快吃完了。
一路上，還是不斷地遇到，主動幫助我們的好心人。

行程時間	07:00～15:00＝8h
行程距離	約29km
今日花費	2676元
消耗飲水	未統計
要感謝的人	離開金湖國小，走到台17／61線公路口的雜貨店買水。老闆娘好奇地和我聊天，我說陪小孩環島，她覺得很棒，說她也有小孩，但是她先生大概不會陪小孩做這樣的事。我要付錢時，她不收，說是送我們。
	開小貨車搭載我們的先生。
	送我們到麥寮的高速巴士司機。

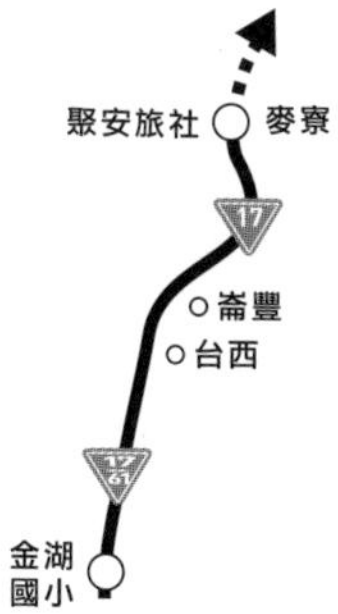

...next

行程時間	0
行程距離	0km
今日花費	0元
消耗飲水	未統計

颱風天
滯留雲林麥寮
聚安旅社

狂風大雨

0818
Day 37

在旅社裡躲颱風

是睡太多嗎？還是感冒了。雖然穿上了薄夾克蓋在被子裡，還是覺得好冷。

維維在旅社裡一直看電視，有電視可以看，他就覺得超級幸福。他看著的不知是國家地理頻道，還是探索頻道？電視上正播出卡崔娜颶風侵襲美國新奧爾良災難的影片。而旅社的屋外，颱風「聖帕」也正在台灣島上肆虐著，還真是湊巧！我睡躺在維維的身旁，一動也不想動。全身痠痛，人又昏昏沉沉的，是睡太多嗎？還是感冒了。

雖然穿上了薄夾克蓋在被子裡，還是覺得好冷。

即使是在旅社二樓中段的房間裡，依然聽得到颱風在外面的呼吼以及嘩啦啦的大雨聲。小小的房間裡，吊滿了我們換洗下來的衣服和襪子，吹著電風扇不停地晃動著。我們今天能吃的，全是泡麵、乾糧和零食。我蜷臥在被子裡，像是冬眠的熊一樣，一動也不動，什麼也不想做。

胃藥吃完了，胃仍然悶悶地痛著。

明天得繼續上路，颱風到時應該會離開了吧。

...next

旅社

8079MA

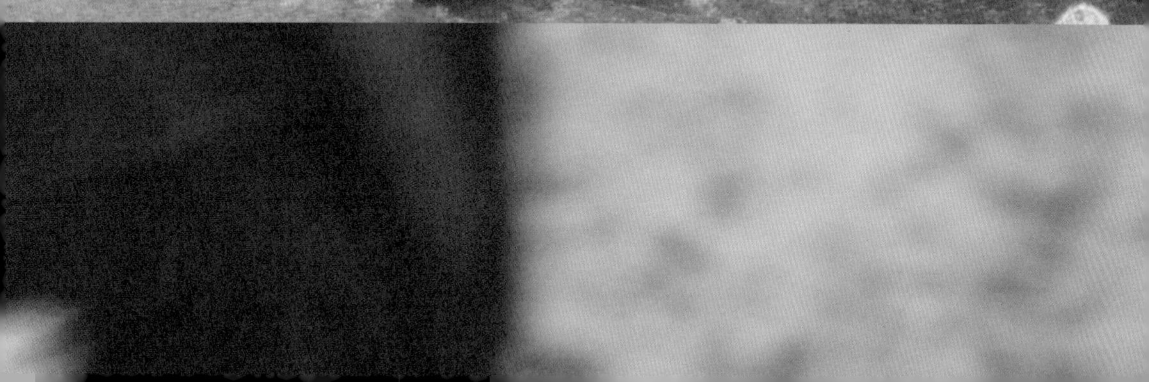

0819

Day 38

颱風後大雨

因颱風
再滯留雲林麥寮
聚安旅社

難得幸福的早餐

我們出了旅社，踏進街上的積水中走著。「哇！爸，水好深喔！都快到我的膝蓋了！」維維高興著叫起來。

AM
09:40

維維和我已經全副裝備上肩，打好了防水綁腿，罩上了雨衣，戴著闊邊帽一直呆站在旅社的門口。

望著屋外的街上，一輛汽車從路中央稍微隆起的車道緩緩地駛過，街上的積水快淹到了它的底盤。維維和我站著，很久沒有說話，只是看著依然正在嘩嘩下著的大雨，以及快要像溪流般淹滿了水的街道。屋簷匯集雨水的排水道，像是爆破了的水管，正大大地沖著雨水。

「維，要走嗎？」我輕輕地出聲問。

「爸，你覺得呢？」維維搭了腔。

我們仍然在掙扎，鞋內正穿著乾爽的毛襪，腳暖暖的，如果，跨出的第一步，GORE-TEX防水鞋就淹沒在滾滾的積水之中……光是想像著那樣的一點點涼意，就足夠教我們裹足不前了。

「你們還是不要走吧！雨太大了，再留一天啦！」旅社老闆的聲音在我們身後響起，劃破了沉默。維維和我相互觀望，半晌，點了頭。

「嗯！我們回房間吧！」今天走路有點太冒險了。

向旅社老闆拿了鑰匙，我們回到原來的房間，放下背包，脫下綁腿，脫掉鞋襪，換上拖鞋，穿上雨衣，戴上闊邊帽，還是得到屋外找些吃的，昨天的食物都吃完了。我們出了旅社，踏進街上的積水中。

「哇！爸，水好深喔！都快到我的膝蓋了！」維維高興著叫起來。

行程時間	0
行程距離	0km
今日花費	946元
消耗飲水	未統計

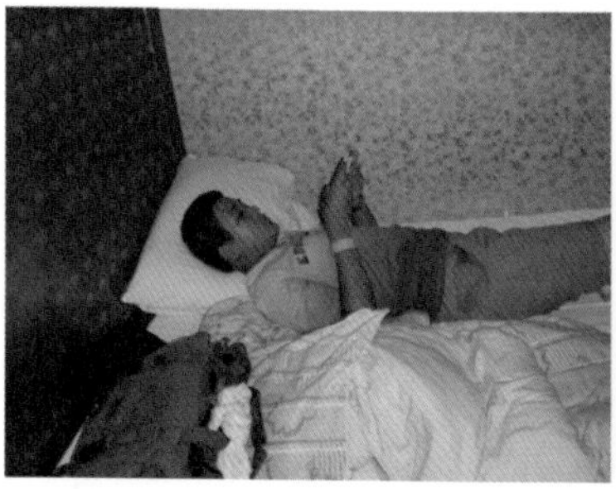

我說：「沒那麼誇張啦！快到小腿的一半啦！」

走在積水裡，我們向前天採購的便利店走去，不時還刮著強風，我們相扶著踉蹌前進。在街角轉彎的地方，看到了一家早餐店居然開著，大風大雨中半拉著鐵捲門，我們真是太高興了！走進店裡，點了豬排漢堡、蛋餅、培根蛋、烤厚片花生土司和玉米濃湯。這是近日來最幸福的早餐了。

「爸，等一下要買一點零食，看電視的時候吃。」

我說：「對呵，還得買一張台灣全圖。」

媽媽來電說，親友們都在問我們什麼時候會回到台北，他們要來迎接，要我排出時間來，最好是假日的時候。

餐後，我們在便利店採購一些食物和台灣全島地圖，路上看到藥局，也買了胃藥，就返回旅社休息。

維維打開電視，繼續他的娛樂。我把地圖打開，看著靠海的公路，計算路程和天數，還要選一個假日到達台北。然後，排出了明確的行程表。

PM
06:10

晚上，風雨都停了，我們逛著麥寮的街道，直走到街底，看到了好便宜的迷你火鍋，吃了頓也很幸福的晚餐。

我牽著維維的手，兩手背在自己的身後。我們戴著闊邊帽，穿著T恤、短褲和拖鞋，並肩慢慢地散步在麥寮的街上。街道已幾乎乾了，兩旁的店家也亮著燈營業了。在一陣昏天暗地的風雨過去後，發現麥寮開著店家的街道，還蠻熱鬧的。

我們在颱風過後的晚上，享受著一種難得的輕鬆。明天，就要跨過濁水溪了。

...next

雲林麥寮聚安旅社
↓
彰化芳苑芳苑國小

陰雨

0820
Day 39

撐著痛腳，跨過了濁水溪

希望腳的狀況能好轉，我們已經快完成環島了，不希望到了最後功敗垂成，全部敗在這雙不爭氣的腳下。

AM
08:15

我們環島的行程明顯地分成了東、西兩邊不同的天氣。走在東邊的時候，日日晴天，烈陽直射，熱到不行；繞過鵝鑾鼻走到了西邊，不是颱風就是下雨，一直都是濕答答的，難得遇到好天氣。

在麥寮躲颱風停了兩天，颱風警報已解除，得以繼續環島的行程。今天我們要跨過台灣最大的河流濁水溪，當然，到時還是得慶祝一下。

走出旅社去吃早餐時，大雨又狂瀉而下，讓我有些鬱卒，不知是不是又得在大風大雨中走一天了？

一邊吃早餐，我一邊看著地圖。台17／61線公路通過濁水溪的南北兩邊，看起來荒涼，沒有密集的村落，得在便利店多準備一些食物，避免前不著村後不著店，辛苦地走在風雨中還得餓著肚子。

維維吃著培根蛋，笑著提醒：「爸，還有可樂和曼陀珠。」這是少不了的，想到在東石漁港慶祝時可樂噴得好高，他就很開心。

走出麥寮後，風雨依然很大，維維已不像先前那樣，看到下雨就樂不可支了。他現在乖乖地走在淺水處，能不踏水就不踏水。

為了這趟環島步行，我們特地買了Gore-Tex防水鞋，希望在下雨天仍能保持兩腳乾爽。剛買回家時，我們在浴缸放了水，讓鞋子泡進水去，水不淹過鞋口，浸泡幾十分鐘都不會進水，我們很高興它的防水性很強。

但是，從行程的第二十六天起，我們仍然飽受鞋子進水的辛苦。也不知雨水是怎麼進去

的？我們腿上也打了兩道防水綁腿，但防水的乾爽大概只能撐一、兩個小時，然後，我們便得開始互相爆料了。

「爸，我感覺到我的腳，有點涼涼的了。」

「維，我也是，感覺腳底黏黏的了。」

除了鞋子進水，我最感到辛苦的就是腳痛。並不是腳走得起泡，我已經不起水泡了；先前走路起的水泡都變成了硬繭，最常磨到的地方還起泡兩次，形成了兩圈硬硬的繭皮。最近的行程，已不太能走路了。

早上鑽出帳篷要站起來那一刻，是我最痛苦的時候。當腳準備支撐起全身的重量時，整個腳底、腳跟和腳踝就痛得受不了，咬著牙硬撐，過了幾分鐘腳痛才會慢慢地舒緩。開始步行的時候，腳還能適應，越走就越沒辦法持續走很久。到了下午，通常每小時就得停下來讓腳休息二十分鐘；接近傍晚，就只能每走半小時，讓腳休息約半小時了。

AM 10:00

今天的腳更是相當不爭氣，走沒多久就快不行了。

才早上十點半，在台61高速道路快到西濱大橋的高架橋下，腳就痛到快撐不住了。

我對兒子說：「維，我們休息一下吧，我的腳開始痛了。」

維維很樂意地說：「好哇，我們休息可以吃個飯糰。」

在高架橋下放下背包，我們各吃了一個飯糰。強風吹著，我把雨衣穿著避寒，胃也同時在隱隱作痛著。

休息後，還是得忍著腳痛繼續向前走。

我們上了西濱大橋，發現濁水溪河床果然寬闊，從這頭望去，看不到盡頭。

我看著地圖對維維說：「這個橋有三公里長耶！」

「那就要走一個小時了。」維維回答。

嗯，我得加油了。

走在大橋上，風雨依然時大時小，我們都很習慣了。橋上的車輛不多，大部分都開在內側車道，對沿著外側護欄走著的我們來說，沒有影響。我慢慢地走在維維身後，看著風

PM
12:10

雨中踽踽獨行的維維背影，在沒車的八線道長橋上，有一種天地悠悠的遼闊與蒼涼。

維維走在橋邊，不時踢著路上被人們拋棄的瓶瓶罐罐。他把瓶罐踢到橋欄下的排水口，然後像足球射門一樣地踢出去，看著它高高地落入河水，想像自己是轟炸機上的飛行員看著炸彈落地，轟地濺起水花。

每踢一個他總要叫住我：「爸！你看！炸彈落地了！碰！」

我勉力走著，為了減輕腳的負擔，我盡量將身體的重量放在樹枝手杖上。

可是，這枝前幾天在崙豐採來的樹枝，卻不爭氣地折斷了，借了維維的也一樣地不勝負荷而折斷，都被我狠狠地拋入濁浪滾滾的濁水溪中。

沒有了手杖，走起路來，更為艱辛。

下橋前出口三百公尺標示牌處，是我們今天的重頭戲所在。

頂著微雨，維維將可樂及曼陀珠準備好，我在雨衣裡偷偷地設定好相機，趁雨水暫歇的時候，拉開雨衣，開始慶祝了！一道可樂湧泉激爆噴出，噴得很高，相機也拍了下來，我們很有成就感。

維維喝著剩下的可樂，超級開心。

過了橋，路旁沒有住家和建築，一直找不到可以避雨休息的地方。走了很久，維維的腳踝也痛了起來。

我們忍著腳痛和一點飢餓感，繼續走著。柏油路硬梆梆的地面，讓我的腳底在著地時劇痛萬分，只好走在路旁柔軟的泥濘中，反倒舒服一些。

我們覺得還是應該找個手杖，讓雙腳不會那麼吃力，沿路便不斷地物色、搜尋可以當做手杖的樹枝。發現了一棵木麻黃，有幾根漂亮挺直的枝，但是，我們隨身攜帶的彈簧小刀卻砍不動，只好作罷。

過了不久，在路旁的廢屋中，幸運地看見一堆細竹子，我們便各取了一枝做為竹杖。

有了竹杖的支撐，稍微舒緩了腳痛，但是，持續走路仍然越來越艱難。還是搭便車吧！

正當我們拿著搭便車牌，翻來覆去試著掛上雨衣時，一輛銀色日產藍鳥2.0五門掀背車駛來，緩緩地停在路邊，閃著黃燈，等著載我們一程。

我們把濕濕的雨衣和背包放在後行李箱，坐進後座。
維維小聲說：「爸，這車很新，手把塑膠套還沒拆耶！」
我們身上又是水，腳上又是泥漿，覺得很不好意思。新車才剛買不久，載著我們的孟先生說：「沒關係。」然後就和我們聊著他以前學生時期，也做過同樣瘋狂的事，從台北騎腳踏車回高雄，才兩天，就到了家裡吃晚飯了。

PM
06:00

晚上在很漂亮的芳苑國小借宿，廖校長很熱心地開了一間教室以及有熱水淋浴間的廁所給我們使用。維維和我把教室裡的工具，整理集中在另一邊，以曬衣繩為界，隔了三分之一的教室，做為紮營區。
我們一起掃地，再一起用拖把將地板拖乾淨。
我教他：「維，你要一個方塊一個方塊地拖，這樣才不會漏掉有些地方沒拖到。」
他很認真專注地拖完地板，又很熟練地將營帳拿出來組裝。這時我忽然想到，不知什麼時候起，組帳和收帳已經自動成為維維專屬的工作了。

躺在營帳裡，我們在腳上擦了治痠痛藥膏，一邊按摩，一邊聊天。今天我們的腳，實在是很不爭氣耶！
希望腳的狀況能好轉，我們已經快完成環島了，不希望到了最後功敗垂成，全部敗在這雙不爭氣的腳下。

維維的悄悄話

聖帕颱風來襲，連續在旅社內躲了三天，每天都在看電視，今天終於可以走了。我們背著裝備順著樓梯走下一樓，到了門口看見外面下著狂風暴雨，不過比前三天小多了。我們頂著暴風雨前進，此時雷聲已不是一般的「轟隆」而是很大聲很俐落的那種。今天也沒什麼好玩的，一直在走路，走到腳痛也沒有地方可以休息。在雨天一直走，一直走，一直走，走到鞋子裡也都濕了，受到擠壓的水在鞋子裡流動，腳越來越重。我們終於決定掛上便車牌，不久後救星來了，送我們到了芳苑。

行程時間	08:15～18:00＝9h45'
行程距離	約24km
今日花費	872元
要感謝的人	開日產藍鳥搭載我們到芳苑的孟先生。
	芳苑國小的廖校長。
補充	下了那麼久的雨，我們想到搭便車牌必須耐水，前幾天在便利店休息時，買了透明膠帶將它全部封滿，增加它的抗水性。可是，遇到了新的問題：要怎樣將它掛在穿著雨衣的背上？

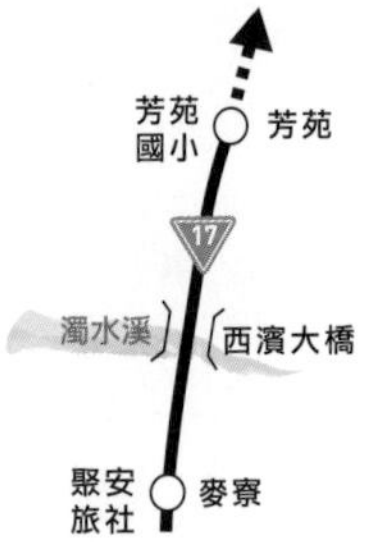

...next

生活 點滴

0821

Day

40

陰偶雨時晴

彰化芳苑芳苑國小
↓
彰化鹿港儷景汽車旅館

行程的最後一次補給日

「爸，我發現那些被栓著的狗最愛叫，沒有被栓的狗比較和善，大概是牠們比較自由，心情會比較好的關係吧。」

離開很美麗的芳苑國小，我們沿著台17線公路向北挺進，目標是到達彰化鹿港。

一上路我們很高興，今天天氣不錯，沒有下雨，但為了應付突如其來的大雨，我們還是把雨衣準備好，包在背包上，如果突然下起雨來，就可以快速拉開套在身上。

AM
11:00

近中午，我們走到了王功，在幾十家讓我們退避三舍都是只賣蚵仔的餐店中，找到了一間快餐店吃中飯。餐後，睏睏的我們便趴在餐桌上午睡，老闆也沒說什麼，讓我們就這麼霸占餐桌睡到自然醒。

走上王功橋時，我們看到怪手挖著溪床上的淤泥，覺得很新奇，逗留著看了一陣子。沿著王功鄉間的小路向北前進，一路上看到的都是一籃籃的蚵殼，和「達達達」地搬運著蚵仔的三輪鐵牛車，我們稍稍體驗了養蚵人家的生活樣貌，以及這裡特殊的景色。

PM
02:00

午後兩點多，又突然下起大雨來，我們走累了，在一處騎樓下休息。店裡的老闆請我們到屋裡坐，我們看看身上濕濕的裝備，便謝謝他的好意。他倒了兩杯熱茶送到騎樓下給我們喝，和我們聊天。

維維看到他的狗好可愛，一直和小狗玩。老闆說，那隻是不知哪裡來的流浪犬，前幾天跑來，看來還蠻乖的，便養了下來。

維維很喜歡狗，他說可能是因為他屬狗的關係。他摸著狗一直說：「爸，小狗好可愛哦，我將來一定要養狗。」

我說：「那要等到你可以為牠負起責任的時候才行。」我可不想到了最後變成是我在養狗了。

PM
04:30

維維小三、小四的時候吧，我們送他到清境的爺爺奶奶家過一個暑假，自從抱過弟弟文印家大狗雪莉所生的小狗後，他對狗就有一股深厚的感情。環島沿路上，跟著我們的狗，不管是不是流浪狗或是癩痢狗，他都覺得好親切，一直說：「爸，你看那個狗好可愛。」總要碰碰摸摸他們。

當然也有他討厭的狗。行經的路上，人家眷養的狗，總是對我們狂吠，這一點就讓他覺得很討厭。我們說，那是狗仗人勢。有幾次有些狗還突然衝過來大叫，嚇了我們一跳，還好栓著鍊子。那些狗衝到鍊子長度的盡頭，被鍊子扯著站了起來，還不死心地繼續狂吠不已。

維維一路來有心得地說：「爸，我發現那些被栓著的狗最愛叫，沒有被栓的狗比較和善，大概是牠們比較自由，心情會比較好的關係吧。」

「好像是這樣，你說的有點道理。」我回答他。

自由快樂的小孩，好像也總是和善的；而常被打罵責備的小孩，好像也比較容易生氣和使用暴力，好像是吧。

原先預定的補給日是後天，但媽媽有事，且維維被連續的雨天搞得有點煩了，也期待能輕鬆一下，便提早會合。

我們一家人住進了汽車旅館，維維很開心，一直說：「哇！今天住的很棒喔！」他放下背包，第一件事就是先找到遙控器打開電視機試試，然後像在悅來飯店一樣，每一個地方都翻一翻，再心滿意足地躺到床上舒服地看電視。

今晚維維決定負責洗晾衣服。住宿學校的時候，我們發明了塑膠袋洗衣法，還有如何用最省的洗衣劑洗淨所有衣服的程序，以及比較容易曬乾的晾衣法。媽媽陪著他一起做，他就像教練一樣指導著媽媽：「那樣不對，應該要……這樣……」

外婆則躺坐在床上，始終專注在她GAMEBOY遊樂器的世界裡。

維維問媽媽：「到終點要插的國旗買了嗎？」

「還沒，明天在鹿港找一找！」

行程時間	07:00～16:30＝9h30'
行程距離	約24km
今日花費	286元
消耗飲水	未統計
要感謝的人	請我們吃晚餐維維的超級粉絲外婆。

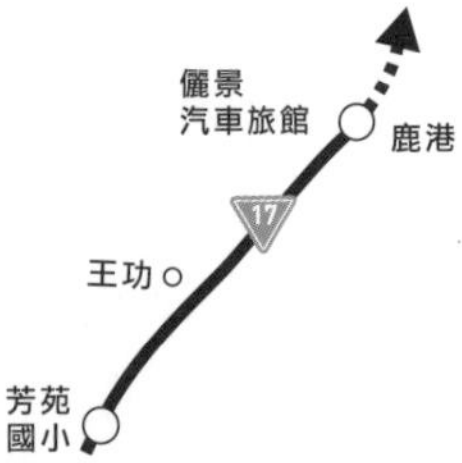

媽媽的悄悄話

小子特地交代要買的國旗，時間太匆促來不及買，決定到鹿港再碰運氣。

到了鹿港第一件事就是去修車，然後找吃的，最後摸黑找到了一家頗不賴的汽車旅館。

鹿港啥也沒逛到，倒是看了很多電視。很多人週末不想看電視，想開車到處走走；我們正好相反，家裡沒接第四台，平時到處晃，看電視變成稀有的享受。

小子好像又長高了。跟他一起洗了衣服，重溫母子時光，真是幸福。

暑假就要結束，這真是個又豐富又奇妙的夏天。

...next

踏上回家的路。不捨

0822

Day 41

陰天時晴

彰化鹿港儷景汽車旅館
↓
台中龍井田中村

在龍井的緣分和感動

我沒有去想環島結束後，已經快要五十歲的自己該何去何從？我知道，如果這樣牽掛不下，那麼，連這份旅行單純的安寧，我也要失去了。

PM
04:50

昨天睡得晚，今早也起得晚，上午的時間都在汽車旅館耗掉了。

出了汽車旅館，最重要的一件事，就是趕快找地方買國旗。我們問過了幾個書店都沒有大國旗，最後才在一家文具行裡買到。

維維拿著國旗難掩興奮地笑著。國旗很大一面，他想摺成一個三角形。

問我：「爸，要怎麼樣才可以像電影裡一樣摺成三角形啊？」

「我也不知道耶。」這個問題真的是問倒我了。

他只好自己在車裡，一直試著各種摺旗法，想把國旗摺成一個等腰三角形，國徽又正好在三角形的中間。

我問他：「國旗要媽媽先帶回家，再拿到淡水捷運站嗎？」我想到了裝備又會加重的問題，我們對步行裝備的重量，可是相當計較的。

「我要放在背包裡揹著走。」他覺得國旗應該要跟著他一起走到終點，這樣才對。

和陳先生相識，是在環島第十四天時。在台東的紅樟木屋渡假村，請陳先生幫我們和熱情的日本女生合照。當天晚上夜行軍時，他和他的小朋友小緯，在暗夜的半路上等我們，煮熱可可給我們父子喝。陳先生留了名片，說到了台中一定要聯絡他。聯絡後，他說，想帶著小緯和我們走一段路。

下午揮別了媽媽和外婆後，我們兩對父子就從彰化伸港的福安宮出發，要走上中彰大橋，跨過大肚溪，走向台中龍井。

這是環島以來，第一次和別人一起走。我們的步調節奏稍有不同，陳先生及小緯裝備較

PM
06:20

輕，腳程也輕，所以走得比我們快。維維和我依著我們自己的節奏，慢慢地前進，落後他們有點遠。他們父子倆就不時停下來等我們。

維維不太習慣和他們一起走，他變得有點害羞安靜，默默地走著，和平常愛說話又自得其樂的樣子大有不同。我們父子也都收斂起愛耍寶搞笑的習慣，變得一本正經。

我走在後面，不時拿起相機拍陳先生父子走路的背影，幫他們留一些記錄。

走上橫跨大肚溪的中彰大橋，遠遠便看見台中火力發電廠四支細細長長的煙囪和高架公路，在陰天黃昏時形成特殊的剪影。我不時拍著照，我們四人以很慢的速度前進。

陳先生指向遠方和小緯說著話，大概是和小緯說些他小時候在龍井的事吧，我猜，因為換了我也是這樣。

每次回到我成長的松崗，我都會對維維說我小時候的故事，有些故事對他來說還是傳奇呢，他不時想起就會再問我一次。

看著他們父子間的互動，我舉起相機拍了下來，一些深層的父子感情，看在眼裡令人動容。我想，當時陳先生在台東紅樟木屋渡假村，看見揹著登山裝備又疲憊的我和維維時，內心也是這樣感動吧。

我回頭看一下維維，摸摸他的臉，有別人在，他不好意思酷酷地別開了。

走過大橋後，我們在路旁稍做休息，再從稻田間的小路向龍井國小的方向走去。陳先生很熱誠地介紹龍井，言談中充滿了對這裡的感情。

晚上我們在陳先生的爸媽家吃晚餐，休息後，便到安排的鄉代表辦事處休息。才把營帳組好，維維便開始睏了，不斷地在一旁打哈欠，就先讓他進帳篷裡睡覺。

陳先生和我在辦事處的桌旁聊天。談著他對野外活動和生態的喜好，也談談我環島行程結束後，後續的人生計畫如何。

稍晚，辦事處的賴先生及張代表都前來探望，對我們的環島行動和勇氣、維維的想法和毅力，表示佩服。我很感謝他們借有冷氣的辦事處給我們宿營，讓我們有涼爽的一晚。

因為和陳先生的緣分，在龍井這裡，比較深入和當地的人事物產生互動，這是環島以來難得而沒有的經驗。

我們雖然走過了台灣長長的海岸，但每個地方都像蜻蜓點水般，淺淺而不留痕跡地交會而過。今夜在龍井，我們變成了客人，雖然時間不長，但在大家心裡都留下了共同的記憶，以及共同的感動。

至於我後續的人生……

其實，走路的時候，我什麼都不想，只是很單純地在當下享受著，這份從我學校畢業二十三年以來，一直想做又沒有機會做的珍貴旅行。

我沒有去想環島結束後，已經快要五十歲的自己該何去何從。我知道，如果這樣牽掛不下，那麼，連這份旅行單純的安寧，我也要失去了。

遞出了工作的辭呈後，我很明確地知道，我不想再回到職場做個上班族了。在我的內心裡，對於生命自由的渴望強過了對生存的恐懼。

就看生命會如何演變了。像《侏儸紀公園》的名言一樣：生命自然會有出路。

...next

說走就走 Day41

行程時間	16:00～20:00＝4h
行程距離	約26km
今日花費	981元
消耗飲水	未統計
要感謝的人	台中陳先生及小緯。
	龍井的賴先生及張代表。

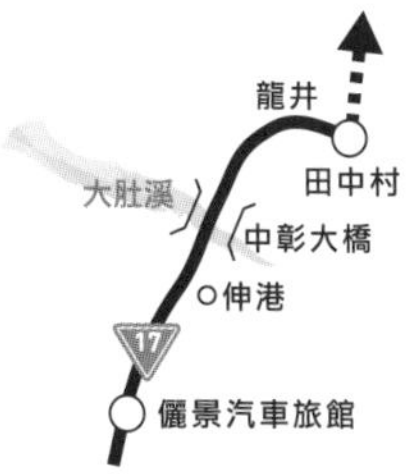

0823

Day 42

晴天多雲

台中龍井田中村
↓
台中大甲大江山旅社

難得被拒絕了

「那不一樣，警衛雖然拒絕我們，可是我覺得他很誠懇。」他說：「那三個老師，都不理我們，還一直聊天。他們是老師耶！」

AM 10:00

維維在花蓮揮別了三叔後，便一心期待走到台中這天。三叔跟他約好，會和堂兄姊從清境農場下來看他。今天一早，他便滿心期待著福斯T5的到來。

沿台1線公路走過了沙鹿，在田尾休息時，維維的電話響了起來。不久後，就看到了銀色的福斯T5開了過來。

我們坐上T5走到梧棲漁港停留，今天是大晴天，正好可以把曬不乾的毛襪和浴巾放在T5的車頂上曬乾。

我在附近拍一些照片，看到了三隻小狗。回到車旁，對正在用竹杖玩著棒球的維維說：「維，我看到三隻好可愛的小狗哦，你要不要來看看？」

他跟我來到樹林旁的休息區，看到了小狗便不行了：「爸，好可愛哦！好想帶回家養哦！」他一直玩著小狗，抱牠、摸牠，還把小狗抱到臉旁親撫。

三隻小狗中，最可愛的就是那隻純棕色的小狗了，看起來懶懶地，老是想睡覺。感覺上就和維維一樣可愛，肥肥肉肉的，溫溫敦敦的，又三不五時愛睡覺。維維抱玩著小狗，洋溢著愛和幸福，一直重複著說：「爸，小狗好可愛喔！好想帶回家養喔！」

直到要離開了，維維才依依不捨地放下小狗，坐進車裡。

這時候，容易過敏的他，臉上開始有點發癢，也輕微地起了疹子。我拿出濕紙巾給他擦臉和擦手，說：「你那麼容易過敏，看來是沒有機會養小狗了。」維維的表情明顯地流露著天不從人願的失望。

PM
06:10

PM
04:40

到了高美濕地，一看到很美的海岸風景，就換我不行了，拎起了相機包，我就對文印和維維說：「我去拍照了，一小時，你們在進來的地方等我。」於是拋下他們叔姪倆，逕自向海邊走去。

下到海岸踩在軟軟的沙上，在沙地上感受到一片遼闊的風景，自己似乎變得有點渺小。這裡的濕地真的很漂亮，在現在的中午時分想像黃昏時刻，絢爛的晚霞映在淺淺如鏡的水面上，一定更是美麗。

我們在清水吃了午餐。然後維維三叔送我們到台1線公路，銜接環島走路的行程。沿著公路北上，天氣慢慢陰沈了起來。要過大甲溪前，從右邊山頂過來的黑雲已經在前面密佈一片了。我們一邊走一邊猜，何時會下起傾盆大雨。

有一輛車滑過來停在身旁，車裡下來一對夫妻，很高興地向我們走過來。他們是鹿港人，一直在我們的部落格看著我們的環島故事，猜想今天我們會走到這附近，於是就在這附近繞繞，看會不會遇到我們。看到了我們，他們很開心，還送了一盒泡芙點心。他們居然專程在附近的路上找我們，只為了送我們一盒泡芙，我們被這份單純的和善感動。一路來，我們一直感受到每個地方的人們給予的協助、鼓勵和支持。

才接下了泡芙，大雨也像是感動得嚎啕落淚一般，雨滴大顆大顆地落了下來。我們連忙穿上雨衣，把這盒愛心泡芙珍藏在雨衣裡。

走過大甲溪大橋後，我們走到加油站的遮雨棚下休息，慢慢地品嘗這份充滿愛心的美味泡芙，心裡也像舌尖一樣，感受著甜蜜和溫暖。

我們淋著雨水走到了大甲鎮，看到了一間小學，想去借宿，發現學校沒有人，廁所也上了鎖，沒辦法宿營。

又找了一間學校，辦公室裡有三個老師在聊天，我們站在門口問能否借宿，他們說學校沒辦法借宿，我們只好再黯然離開。

再走更深入大甲鎮，找到了另一個學校。學校已經關門了，只有警衛室有人，我們向警衛說明借宿，也被拒絕了。

這是環島以來第一次借宿學校這麼不順利。黑夜已經降臨，我們都有點沮喪。我問維

PM
07:10

維：「還能走嗎？」他覺得腳有點吃力，不想再走了。我想，如果再找學校、再被拒絕，還得繼續再找別的地方宿營，乾脆直接找旅社好了。

我們找到了大江山旅社，老闆娘年紀已經很大了，有七十歲了吧。

她用閩南語和我們聊天，說我們是第二對住在她這裡走路環島的父子。她回想，十幾年前也有一對父子走路環島，也住她這裡。

哦！也是走路環島的父子，住過這裡。對於這種相似時空的命運連結，我有一種很奇妙的感覺。我們會不會也住同一間呢？

進了旅社，我們把背包放著，外出找吃的。

維維對先前拒絕我們的三個老師很有怨言，在路上一直抱怨。

我說：「學校警衛也拒絕了我們啊。」

「那不一樣，警衛雖然拒絕我們，可是我覺得他很誠懇。那三個老師，都不理我們，還一直聊天。他們是老師耶！」

我明白他的感受。其實，我們並不認為別人一定要幫助我們，只是，當我們在求助時，自顧著聊天而忽視我們，那樣子會讓我們心裡有一種受傷的感覺。維維他希望的，只是得到一點單純的尊重吧。

趁此難得的經驗，我問維維：「你覺得他們應該怎麼做，你才不會覺得不舒服？」

維維說：「他們應該要好好地對著我們說話啊。」

常有人說：「當我和你說話的時候，可不可以看著我一下？」這大概就是尊重吧。

於是，我對維維說：「我們會不舒服的，別人也會，所以，要記得這件事。」維維點點頭，表示明白了。

維維的悄悄話

我們由龍井來到大甲，在大甲市區受到兩所國小無情拒絕……

一大早，背著沉重的背包踏上返家的路。當我們走在梧棲鎮某處時，三叔打電話來，我們上了他的車，讓他帶我們台中半日遊，但說是這樣，我大多都在看報紙。三叔把我們送到離大甲幾小時路程的地方。

我們走進大甲市區，到順天國小時，問學校可不可以借住一晚時，他們拒絕了，這是我們第一次受到拒絕，只好換一所學校，同樣地，也被拒絕。

我們被逼得只好花錢住旅社。

行程時間	07:30～19:10＝11h40'
步行距離	約40km
今日花費	431元
消耗飲水	未統計
要感謝的人	弟弟文印。 在大甲溪旁送我們點心鹿港來的施先生和施太太。
補充	晚上，我們一起躺坐在旅社的床上看電視，播出一位盲人挑戰喜馬拉亞山的故事。他的心願得到全美國盲人的捐助，組了一個登山團隊訓練他，帶著看不見的他登上了珠穆朗瑪峰。我們看著深受感動。環島以來我們也受到大家的支持和加油，我們很感激。

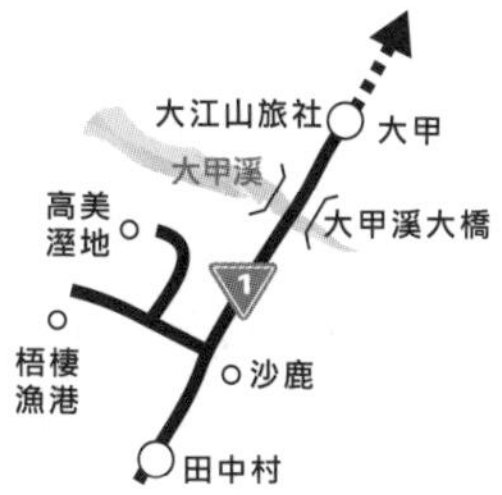

...next

0824

Day 43

晴多雲午後雨

台中大甲大江山旅社
↓
苗栗苑裡文苑國小

行程快結束的矛盾心情

維維咬著筆趴在桌上的筆記紙上說：「爸，我心裡有一種矛盾的感覺，知道快要回家了，想回家，但是，又不想結束。」

AM
09:00

環島開始的時候，面對好奇的陌生人，對話的焦點通常都是「走第幾天了？」「預計要走多久啊？」

現在，大家和我們談話的焦點幾乎都變成了「什麼時候回台北？」「噢～那很快了！」

我和維維也陷入了一種行程快結束的情境和氛圍中。我們走路時常常聊的，都是「回到台北淡水捷運站要怎麼插國旗啊？」「插完國旗後要怎麼回家呢？」「坐捷運回家的話，會發生什麼事？」「大家看到我們會有什麼反應啊？」等等模擬和想像。

穿過了大甲鎮接上台1線，沿著公路會走上新大安溪橋，跨過了大安溪後，就直接朝著北邊的苗栗前進了。

一路來，我們走過了最北端的富貴角、最東的三貂角、最南的鵝鑾鼻、最西邊外傘頂洲旁的東石港。

通過了宜蘭的噶瑪蘭橋、花蓮的太魯閣大橋、長虹橋、台東的中華大橋、屏東的枋寮大橋、東港大橋、高雄的雙園大橋、台南的二仁溪橋、國聖大橋、嘉義的嘉南大橋、雲林的雲嘉大橋、彰化的西濱大橋，和台中的大甲溪橋。

也跨過了東海岸的蘭陽溪、立霧溪、秀姑巒溪、卑南溪，和西海岸的率芒溪、東港溪、高屏溪、二仁溪、曾文溪、八掌溪、濁水溪，還有大甲溪。

還兩度穿越了橫過台灣的北迴歸線。

維維在我旁邊並排像部隊一樣齊步走著，他說：「爸，我們正在一碼一碼地回家吧？」

我說：「沒有到一碼吧，應該是一尺一尺比較接近啦。」

維維又無厘頭起來：「那麼，我們一吋一吋地回家好了。」

我說：「還一分一分地回家咧。」

我們就一直笑著，一直玩著不同的長度單位，套用在逐漸縮短的回程上。

最後，維維決定了：「好！現在我們正一步一步地走回家！」他挺著胸，故意大步地走著，然後，又把手杖舉起來當做他的M4A1自動步槍，像戰鬥搜索步兵一樣，走到我的前面步步挺進。

AM
10:40

我們遇到了騎自行車環島的學生，又聊了起來，大家一起合拍照片，再互道加油各奔行程。能和環島的旅友說話聊天、加油打氣，維維很開心，我們在東岸步行時那種被鼓舞的心情又回來了。

前些日子，每天都是刮風下雨，只有我們冒著風雨在公路上踽踽步行，沒有環島旅行的車友，路上跑著的車輛也不常見，那像是一種苦行，有種風雨飄搖、我們獨行的蒼涼。不過，在那樣的風雨中，濕淋淋的我們，一起走著，彼此依靠，心裡並不孤單。

PM
05:00

傍晚借宿在文苑國小。把背包放在學校走廊的角落後，我們便輕裝外出吃晚餐。學校外面就有一間讓我們的味蕾忍不住歡樂興奮、有著黃色M標誌的速食店。點了美味的漢堡、炸雞、薯條和檸檬紅茶，我們快樂地享用著美食，也開心地聊天。

一對紅衣父子騎著單車停在門前，進來點了東西，坐在鄰桌。

我指指他們父子兩人問：「父子嗎？」他們說：「是啊。」我再比比維維和自己：「我們也是父子。」

紅衣爸爸問我們：「你們環島嗎？」

我們點頭說：「對啊！」

「你們也是騎單車嗎？」他再問。

「我們走路。」我比了走路的手勢。

聽到是走路環島，這對紅衣父子開始打躬作揖起來，敬佩地說：「佩服，佩服！」我們也連忙回禮說：「還好啦，還好啦！」

兩對父子聊了起來。他們已經出來幾天了，明天就要結束行程回家。我說，我們也快

了，只剩八天就走回到台北了。

他們離去時，我拿起相機說：「幫你們父子一起騎車的樣子拍幾張，回去再寄給你們。」我想為他們留下一些難忘的記錄。

我們繼續留在速食店裡，享受著難得的悠閒。

維維咬著筆趴在桌上的筆記紙上說：「爸，我心裡有一種矛盾的感覺，知道快要回家了，想回家，但是，又不想結束。」

我看著他，心裡也有著一種失落。「我也是。」

「爸，我想看看那張全台灣的地圖。」他不捨地想回味一下我們走過的地方。我把地圖拿出來，他攤開在桌上看著，聊起我們走過的路和發生的事。

這張地圖標註了走路環島以來，我們每天實際的宿營地點。從起點淡水開始，我們已經繞過台灣全島六分之五的海岸了，只剩下六分之一的路途，行程就要結束了。

維維的悄悄話

我最近產生了一種離家越遠越不想回家的心情。我不想回去面對台北那種急躁的生活，不想去面對以升學率或成績為重心的國中。我真不知道一天到晚考試能學到什麼，那只能讓我們背下公式或答案，我們要會的絕對不是只在考卷上寫A、B、C或1、2、3，我們要會的是把它（我們學到的）用在生活上。

有一句話說：「你用什麼眼光去看別人，別人也會用同樣的眼光來看你。」所以，尊敬一個人，那個人也會尊敬你，不論他是你的誰，學生、老師、朋友、同事、父母都一樣，所以，不能拿他一時的不對，當成永遠的不對。有著高學歷卻不懂得尊敬別人，那就完全失敗了！

成功不一定是教出一個考上好學校的考試機器，而是教出一個能把學到的知識用於各種不同環境的學生。

我相信這次徒步環島五十天，學到的某方面會比在國中三年多。

行程時間	08:30～17:00＝8h30'
行程距離	約14km
今日花費	726元
消耗飲水	未統計
要感謝的人	文苑國小的老師。

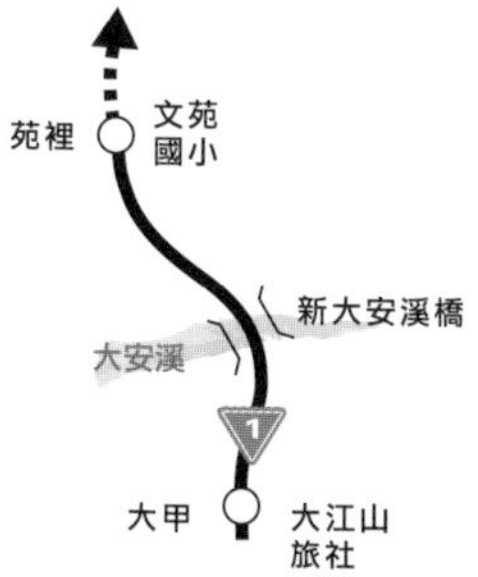

...next

0825

Day 44

多雲午時陣雨

苗栗苑裡文苑國小
↓
苗栗後龍同光國小

快樂玩耍的一天

說著便在螃蟹的洞口旁用力地踩，沙裡的水擠到了螃蟹的洞中，把螃蟹逼了出來。他一邊踩著，一邊說：「這種感覺，好像是大巨人在欺負小螃蟹。」

AM
07:00

在文苑國小的早上，也是被跳晨舞的媽媽們吵醒的。天空又飄雨了。我們離開學校，在麥當勞吃完早餐，便走台1線往後龍前進。

走過苑裡國小，穿過了和鐵路交會的地下道，在苑裡橋附近休息時，看到了一些環島的自行車旅友，維維又熱情地對他們大喊「加油！」同時也為自己打氣。

今天看到的旅友很多，也看見騎重型機車旅行的人。

當然，吸引維維的，還有路旁和善的狗狗們。

AM
12:10

「維，我們走靠海邊的道路，不要走公路好了。」在午餐後我提議，我想走海邊。維維同意了，我們就離開了台1線省道公路，走向通霄的海邊小徑。

穿過台61線道路的高架橋下，橋墩間堆著高高的土堤，維維看到了很興奮，又舉起竹杖當做步槍衝上去，在土堤上衝鋒前進時，不知他是不是又想像自己是在法國諾曼第海灘搶灘登陸了？

沿著靠海邊的小路前進，維維始終興致高昂。他一下像是戰鬥步兵般偵搜行軍，一下又把竹杖拿起換個姿勢，吹著分列式進行曲口哨，做起了軍樂隊的指揮。我把相機對準他拍，他就舉起槍，對著像是狙擊鏡的70-200長鏡頭，衝鋒了。

PM
02:30

路上休息後，我找不到了我的闊邊帽，不知道什麼時候掉了？陽光出來時，只好戴大方巾來遮陽。我覺得這樣看起來有點像中東的阿拉伯人，維維卻不認為，一直笑說：「爸，你這樣其實比較像村姑耶！」

兩點半，我們走到了秋茂園的海邊，遠處有個休息的涼亭，我向維維說：「如果你累的

話，先到涼亭休息，我到海邊沿路拍些照，等一下再走過去找你。」

「我一看到這裡的風景，心裡就想，你一定又要拍照了。」他說著便從海堤上向著遠處的涼亭走去，放下了我自己拍照。

一邊拍些自己喜歡的影像，我一邊慢慢地沿著海岸朝維維的方向前進。走到了涼亭，看見維維大剌剌地躺在木板平台上睡覺，完全無視身旁遊客的存在。我微笑著想：這孩子真是「無入而不自得」啊。

「嗨！兒子，我買了燒酒螺，還有冰涼的舒跑耶，要不要起來？」

我們就在這座涼亭，享受起我們愛吃的燒酒螺和冰涼的飲料。

我向他提議：「我們去海邊玩吧！」他說：「那背包要揹嗎？」「放著好了。」

我們將背包和竹杖放在堤岸的涼亭邊，別上了說明紙片，讓它們在這裡曬太陽，順便曬老是乾不了的毛襪。便爬下海堤大階梯，爬過消波塊，到海灘上玩。

維維到了海邊很開心，覺得整個土地都是自己的，可以到處玩。他最喜歡的是築水壩，每次玩有水流的地方，他就要築水霸。他把沙一堆一堆地從岸邊築橫過水流中，每築一點，水就把沙堆邊緣削去一點，除了要和水流削去破壞的速度比賽建設外，他還要把累積水流的力量找管道疏通。

他一邊玩，一邊叫我：「爸，你看！」水流慢慢地削著水壩，他說：「爸，我感覺到大自然破壞的力量。」

在水流下游靠近潮水的沙灘上，維維又在這裡蓋了一個灘頭堡，他看著水流慢慢地把灘頭堡削去，最後也被漲上的海水沖散淹沒了。

他也開心地抓螃蟹。「爸，我有一種抓螃蟹的新方法。」說著便示範地在螃蟹的洞口旁用力地踩，沙裡的水便擠到了螃蟹的洞中，把螃蟹逼了出來。他一邊踩著，一邊說：「這種感覺，好像是大巨人在欺負小螃蟹。」

我們回到往來遊客絡繹不絕的海堤涼亭，背包裝備分毫無傷地依然躺在斜陽下。

從環島行程的第八天，我們把背包放在頭城國小外出以來，我們就很相信台灣土地上的人們。到了第四十四天，我們的一切經歷也證明，這塊土地上實在有太多太多好人了。

扛起裝備上路後，維維揹著背包站在海堤上，看著即將西沉的夕陽。

今天是他快樂的一天。

PM
05:20

我們向新埔火車站走去，準備搭火車到龍港。走到新埔車站，剛剛錯過了一班列車，只好在這裡再等一小時。

我在這裡拍著鐵道和車站的影像。維維就在月台上，適意地躺了下來，他完全任意自在，無視他人的看法或存在。我覺得這樣很好，他可以很自在地做自己。

上車後，我看著窗外黃昏中的風景和海岸風力發電風車，在火車的前進中和我交會便錯身消失在視線中。

我們在龍港站下了火車，跨過天橋，一輛列車在黃昏暗下的天色中，駛向盡頭。

PM
07:10

黑夜中，我們點著手電筒，沿著公路走向同光國小。學校一片漆黑，沒有人，也沒有燈。國小不大，看起來，每個年級只有一個班的樣子，我們在校園中巡過一趟，決定在教室的穿堂下紮營。

學校附近沒有餐店，路口雜貨店的老闆娘說，要走向兩公里外的班坑找吃的。

我們向班坑走去，半途上，一輛銀色休旅車停了下來，車上是一對母女，正好要開車回去，順路載我們一程。送我們到班坑的便利店採買後，又好心地決定再開車送我們回同光國小。

銀色休旅車直接開進了學校，停在我們紮營的教室邊。臨走前，她們又送了我們四個粽子、兩顆木瓜、一包花生。我們很感動，怎麼都會遇到那麼好的人！

我把木瓜削好，放在行軍鍋裡。吃著木瓜，維維想著今天在通霄便利店遇到的南投鐵馬隊，他說：「爸，騎腳踏車載墨鏡看起來比較酷，而且腳踏車的衣服也很好看。」他想著，下一次還要環島，這回想騎自行車。

我說：「其實，火車環島也不錯耶！」在我的心裡，有著另一個不一樣的旅遊念頭。

睡前，維維有點疲累卻開心：「爸，在海邊很好玩哦，覺得很放鬆，可是玩過之後，發現都快走不動了。玩比走路還要累呀！」

行程時間	07:00～19:15＝12h15'
行程距離	約28km
今日花費	899元
消耗飲水	未統計
要感謝的人	晚上搭載我們找吃的地方及送我們食物開休旅車的母女。

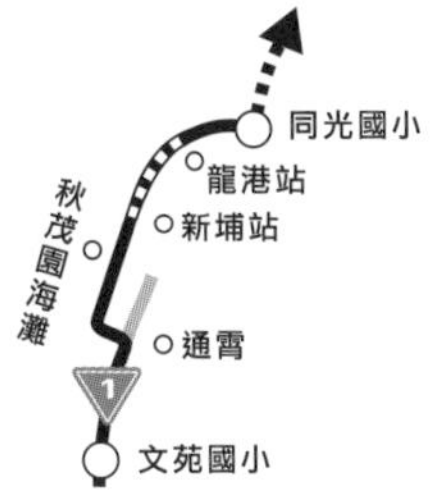

...next

0826

Day 45

晴多雲

苗栗後龍同光國小
↓
苗栗竹南新光明大旅社

只為了買一頂闊邊帽

維維拿著的手杖，變成了立式麥克風，他開始模仿搖滾歌手演唱，超級狂熱、十分投入。

AM
07:00

今天再用大方巾當一天阿拉伯人，我就受不了。主要是戴起來很麻煩，一直要不斷調整，看起來也有點好笑。不過，老實說遮陽效果和通風還不錯，難怪中東地區的人們都喜歡戴頭巾。

我們決定下午改變行程，到大城市竹南去，找我要買的闊邊帽。

早餐要吃的乾糧，被昨晚收到的愛心粽子取代了。我們想著要怎麼蒸粽子？

維維說：「爸，我們可以把蚊香桶的內蓋當做蒸盤，放在行軍鍋裡倒上水就可以了。」

「對哦！」我讚賞著維維，這真是個好點子。

維維想起他在學校時有過的念頭，說：「爸，我曾想過帶馬鈴薯和火腿罐頭到學校，用這種行軍鍋自己煮耶！」

「哦，為什麼啊？」我對他的想法好奇。

「我覺得自己煮東西吃，很好玩，而且不用吃到那些該死的營養午餐。」他對學校的營養午餐超級不滿意。在車城國小早上吃到陸戰隊連長託人送來的早餐時，他也大讚比學校的營養午餐好太多了。

粽子蒸熟後，吃著粽子時，我們都一致讚賞：「這愛心粽子好好吃哦！」

AM
09:20

把裝備整理好，把學校復原，把垃圾放到垃圾收集箱後，我們離開學校出發了。

陽光一早就穿過薄雲，沒有了闊邊帽，我得用大方巾再扮成阿拉伯人來遮陽。我們走上台61線西濱公路，跨過後龍溪口。來回四線道寬闊的高架橋上，幾乎沒有車輛，我們很愉快地走著。

走到下橋的出口，看到樓導架著攝影機在拍攝，我便打電話給楊導說：「楊導，我看見你派攝影機來拍我們了！」楊導在電話那頭一直大笑：「哈哈哈……被你發現了。」我對樓導打了招呼：「就讓你們拍，當你們不存在了哦？」樓導說：「對，就這樣。」下橋後，我們走上了後龍海堤，這樣晴朗而有著薄雲的天氣，走在海堤上，視野變得很好整個海岸盡在眼底。

樓導和小偉很辛苦地扛著錄影機和重重的腳架跑來跑去，取他們想拍攝的角度和畫面。維維和我如常地走看我們的路，做我們的事，想休息的時候便坐在海堤上休息。

AM 11:00

走在海堤上，沒有可以遮蔽蔭涼的地方，又沒有風，我要拍照他又奈何不了我，維維只好自己找點樂子。他想到了電影《梅爾吉伯遜的勇士們》在作戰前舞會中的歌手演唱，便把拿著的手杖，變成了立式麥克風，開始模仿搖滾歌手演唱，超級狂熱、十分投入。我拍著他一直笑，他也笑著，最後警告我：「不可把相片流出去！」他在同學中是酷了的有名，怕會破壞自己在同學之間的形象。

但是，我很喜歡他這樣偶爾出現的耍寶模樣，覺得他是一個超級快樂的小孩。

PM 02:20

離開了外埔漁港，沿著苗8號縣道一直走到大山，在便利店休息時，問不到哪裡可以買一頂闊邊帽，我們便決定剩下的行程就從大山車站坐火車到竹南。

下午五點半，我們揹著背包走出竹南車站，住進了新光明大旅社。維維放下背包的第一件事，還是打開電視機。

我們將裝備放在旅社，到竹南的街上找帽子。竹南是個熱鬧的地方，我們跑了好幾家店，都沒有像之前我戴的舊舊軍綠色的闊邊帽。最後，沒得選擇下，只好決定買一頂棕色以樹葉圖案作為迷彩的闊邊帽。看著帽子正面繡著白色的標誌，我們一致認為：「好醜哦！」為什麼標誌不繡在側邊呢？但是，也沒辦法了，其他的更醜。

維維回到旅社的第一件事，又是打開電視機，我則拿出剪刀和小刀，開始拆帽子上標誌的繡線。這繡線繡得真紮實，很難拆乾淨，於是只好再拿出優碘藥水，把白色的標誌殘餘染成棕色，讓它在帽子樹葉圖案的迷彩中看不太出來。

我們躺在舒服的旅社中，看著電視聊天，維維滿意地說：「嗯！今天過得不錯，中午吃到愛吃的生魚片，晚上又吃肯德基，還能住旅社，都要感謝爸你的帽子掉了。」「如果你的帽子又掉了，我們是不是還可以住旅社啊？」

我笑著說：「你想得美！我們也可以找學校睡。」

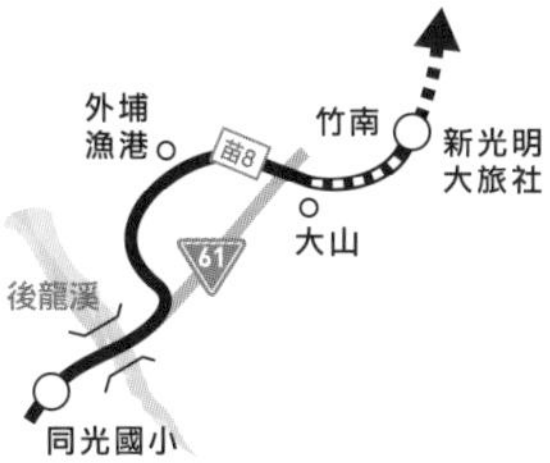

行程時間	09:30～17:30＝8h
行程距離	約25km
今日花費	1861元
消耗飲水	未統計
要感謝的人	為我們做錄影記錄的楊導、樓導及小偉。
補充	1.中午楊導透過樓導請我們在外埔漁港吃午餐，維維很喜歡這一餐，菜色豐富，最重要的有他愛吃的生魚片。
	2.我在浴缸洗沖洗完衣服，水還沒放掉，維維就拿出他放在口袋裡的塑膠湯匙驅逐艦，放在浴缸裡玩，像電影《天搖地動》遇到颶風般地製造超級巨浪，將軍艦弄沉。電視也還開著，他猶疑不定是要捨棄玩小船還是看電視，只好一下玩小船，一下跑去看電視。

...next

0827

Day 46

晴天

苗栗竹南
新光明大旅社
↓
新竹市香山天主堂

我們今天的腦殘遊記

他很認真地說：「腦殘，頭腦的腦，殘廢的殘，就是智障啊。那什麼是腦殘遊記啊？」

AM 09:30

我們從竹南往西北的方向走去，要接上台61線西濱公路。中午時分，走進崎頂海水浴場遊樂區避暑，遇到了獨自騎腳踏車環島、從台北淡水八里出發的陳老師，讓也是從淡水出發的我們覺得分外親切。

知道這趟步行環島是剛小六畢的維維發起的之後，陳老師便將他當特種時兵全副武裝長途行軍的故事說給維維聽，維維聽得津津有味，眼神專注地閃著光芒。

一個是特種兵退伍的老師，一個是嚮往步兵軍旅體驗的孩子，在這命運交會的時刻，談得很投緣。

下午兩點半陽光稍弱，我們在這裡分手揮別，各自走向不同的行程，他往南進，而我們北行。

PM 04:20

走到南港時，我們離開公路走海岸邊的步道前進，因為海邊的景色比起無聊單調的公路要好得太多了。

維維提議：「爸，我們到海邊去，好不好？」

「好啊！」我正求之不得呢。

在東部走路時，他只想趕快走完，然後休息，吃東西，根本不想到每個地方玩，現在終於會想要旅遊的玩耍體驗了。這樣再好不過，我的愛拍照和他就不會有衝突了。

翻過圍欄，我們下到海灘的潮間濕地帶。這裡的地面不是沙地而是泥漿，軟軟的泥漿讓我們的腳陷得很深，我們要用力拔起來，然後用很快的速度換腳，以免另一腳陷得更深；可是速度一快，用力就大，踩下的腳又陷得更深了。走著走著，我們的鞋子上很快就黏上了厚厚的泥巴，鞋子變得很重很重，每一步都變得很吃力。

PM
05:10

維維又用他獨創的方法抓螃蟹。不過，這裡的泥漿含水量較高，當他在螃蟹的洞口旁用力踩下時，洞口的水就噴了出來。他好樂，一邊開心地笑著玩著，不時叫我：「爸，你看！好好玩哦！」

我也很高興地拍自己的照片，兩個人都很滿足，都分到得到了自己想要的快樂。

傍晚，我們離開濕地，沿著步道再向北走。

走到了鹽水社區，卻找不到住宿的地方，在公園裡休息後，只好再向北前進，天色開始暗了下來。

夕陽沉下後，有著發電風車剪影的景色還是很美麗，我無法抗拒，依然邊走邊拍照。

天黑了，維維的心情變得不好，他想趕快找到可以住的地方，我卻一直拍照著。

他很生氣地說：「爸，你怎麼一直在拍照啦！」

我也很不高興。「再不拍，就什麼都拍不到了！」

我們對彼此不滿的情緒升高。維維最後不想理我，走在我前面很遠很遠，但是，又不能真的不理我。我想，他一定很怨！

本來打算借朝山國小紮營，但是，不管我們怎麼請求，警衛說什麼都不肯讓我們宿營。天已經黑了，附近一、兩公里內也沒有別的學校。最後，警衛好心地告訴我們，到天主堂試試看，那裡會有客房。

敲了天主堂的側門，正巧一位王小姐還在，她幫我們安排了住宿的客房，收一點費用當做給天主堂的捐款。

在房裡我們一面整理裝備，一面聊天。我把登山鞋拿出來好好整理一下，把鞋上厚厚的泥漿刮了下來，再開始掃著滿地的乾泥屑。維維坐在天主堂客房的床上。

「爸，你可不可以不要那麼愛拍照？很煩耶！」

「維，很多事一生可能就只有一次，我想拍下每次看到的感動。」「就像這次走路環島，如果我沒有和你一起做的話，我這一生可能就沒有什麼機會做了。」

他沒有搭腔，我不知道他是不是能夠體會。

PM
07:40

我們在香山的街上找吃的，整條街都沒有開店，只看見便利店開著。在店裡採買結帳時，店員和我們聊天，說我們這樣走路旅遊很棒啊，這個經歷可以寫成書，就像《老殘遊記》一樣。

走回天主堂的路上，維維不解地問我：「爸，店員說的那個，腦殘遊記是什麼啊？」

我說：「什麼腦殘？」

他很認真地說：「腦殘，頭腦的腦，殘廢的殘，就是智障啊。那什麼是腦殘遊記啊？」

我聽了一直笑，笑到快喘不過氣來，他不解這有什麼好笑。

「不是腦殘，是老殘！很老的老，殘廢的殘，是老殘遊記！以前我們課本有的，是中國清朝一個自稱老殘的人寫的旅遊小說。我還腦殘咧！」維維聽了也一直笑著。

哈哈哈，這就是我們今天的「腦殘遊記」。

行程時間	9:00～19:00＝10h
行程距離	約15km
今日花費	1675元
消耗飲水	未統計
要感謝的人	在黑夜的台61號公路上，載我們送到朝山國小開TOYOTA汽車的先生。

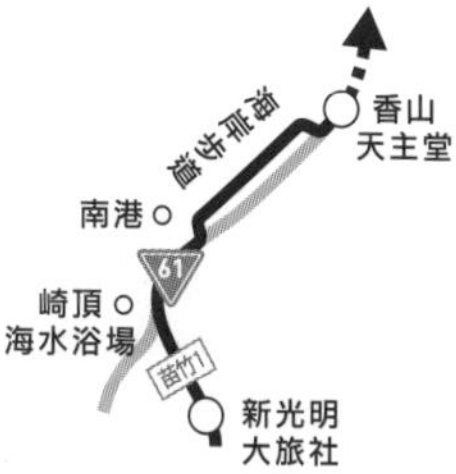

...next

新竹市香山天主教堂
↓
新竹新豐埔和國小

晴天轉多雲

0828
Day 47

照顧自己還是照顧朋友

我們的徒步旅行不只在實際的體力、天氣、腳痛等因素上無法配合掌握，我感覺自己也失去了內在的自由。

隨著環島接近尾聲，電話變得很多，維維和我都變得煩躁起來。

很多朋友都想參與，不斷地來電話要求確認我們的行程。在腳痛到很艱苦的步行中，這帶給了我干擾，並形成心理的壓力。

我以前從不知道，自由旅行時，計畫純粹都是參考用的，所有的計畫都會被當下心情上或實際上的因素所改變。當朋友們希望我提供明確的行程計畫來配合他們，或讓他們配合我們時，我真的很困擾。

對我而言，我們的徒步旅行不只在實際的體力、天氣、腳痛等因素上無法配合掌握，我感覺自己也失去了內在的自由。

幾十年來，我都是為著配合這、配合那活著的，在提出辭呈後環島這些日子裡，除了和維維協調外，我渴望能完全擁有屬於自己的自由。我明白，沒有經歷過這般的旅行體驗，或是旅行時對自我內在自由和安寧需求不高，是很難了解、也無法體會的。

我們已經明確地排定在九月一日下午兩點左右抵達台北淡水捷運站，為了這個目標，我每天在看著地圖步行時，心裡隨時都要計算行程，讓我們的步行可以不快不慢地剛好到達終點。這些天來，其實，我的內在已經失去了隨心隨意的自由。

幾十天來，我和維維相互依靠所培養出屬於我們自己的微妙氛圍，也開始改變了。在大熱天辛苦地步行，維維和我都變得心浮氣躁，很容易因為各自的需求不同，不願妥協而發生衝突。

環島末期的天氣，慢慢地像是回到了行程的初期，烈陽直射，炎熱不已。

AM 10:50

我們沿著台1線，一邊吃著口糧當早餐一邊前進，再轉台61線西濱公路北上，步行時多半處在靜默中。半途我們走入了海岸邊比較蔭涼的樹林步道中，雖然步道的樹木還不高大，但仍然比步行在公路中要涼爽得多。

通過樹林步道，在一處釣魚池的遮陽棚下休息，我們吃著已被熱氣烘化成泥漿的巧克力，看著釣客安靜地釣魚。一條大石斑魚被釣起時，維維好興奮，他從來沒有親眼看過魚被釣起來，高興又小聲地說：「哇！爸，好大一條喔！」

原本想等著再看釣上第二條的，但是我們都沒有耐心，眼見一直沒有魚兒上鈎，索性揹起背包又再走上路。

從這裡接上了新竹17公里的海岸風景線，一路上景色都很美麗，我拍照著走路，行進得很慢。維維在這樣的大熱天下，很不耐煩。

「哎喲！又一直拍照，很煩耶！」他要我不要再拍了。

我也生氣了：「如果你想走，你可以先走啊，不用等我。」

他真的就先走了，還故意走得很快很快，一直走、一直走，離我很遠很遠。

走過彩虹步道後，我在海堤上叫住了他：「維，等我一下！」

他停在海堤上，面對自己的陰影，曲著膝站著一動也不動。我趕了上去，不解地問他：「你在做什麼？」

他說：「我躲在自己和背包的陰影下休息，爸，這樣真的有比較涼耶。」他說著，我笑了起來，噢！他實在超級可愛。他也笑了。

PM 01:10

我們走進了新竹港南濱海運河風景區，在公園裡休息，吃著「叭噗」冰淇淋。一個年紀大約七十幾歲的阿伯對我們的裝扮和旅行很好奇，和我們聊天。他說年輕時也環島過，是騎腳踏車。那時的腳踏車不像現在有變速，那時的車很重，是用來載貨用的，已經是幾十年前的事了。

如果在他二十幾歲的時候就做這件事，猜想已是四、五十年前了。當時的他就這麼瘋狂，真是令人佩服。現在騎腳踏車環島的人很多，看來，狂飆少年不會在世代的交替中消失，反而像是長江後浪推著前浪般一代一代接續下去。

我一路的人生，沒做過什麼值得說出來的瘋狂大事，反而在快過壯年時，毅然離職了，有時間陪兒子來走這一趟環島旅程，讓自己的人生也有點值得的記憶。

這一趟，成就了兒子步行環島的夢，也成就了自己原本貧乏的人生。

再次感謝上天給自己這麼一個很棒的禮物。老實說，因為維維來到我的生命，我的生命深度才開始有了不同。與其說要教小孩什麼，不如說自己是藉由小孩向生命學習吧。

PM

05:45

傍晚時分，我們決定冒險走進約兩公里長的鳳鼻隧道，維維在前面走得很快，我落後遠遠地看不到他，有些擔心，打手機給他，但是訊號太弱沒辦法通訊。過了不久，看見他喘著氣跑著折返回來。

他問我：「爸，什麼事？」

「我看不見你。」我輕輕對他說。

「我想快快走過這個隧道。」他有點歉疚地解釋。

我說：「可是你忘記了你的伙伴了。我的腳痛，走不快，你不能一股腦兒地往前衝，你要回頭看看伙伴有沒有脫隊。」

他「哦！」的一聲表示知道了。

通過隧道已是傍晚六點半了，又是天色將要暗下的時候。我們掛上了搭便車牌，期望遇到有緣人搭載一程。一輛休旅車停下，將我們載到了埔和國小。

PM

06:40

學校裡漆黑一片，但是，有教室的燈亮著，兩個老師正在分裝著課本，看來學校就要開學了。向學校老師借宿後，巡了一圈學校的環境，我們決定在司令台上紮營，便將背包放在司令台上，外出覓食。

走到接近台15／61線省道的地方，才有移動式的小吃車，我們叫了大腸麵線、臭豆腐及肉圓，環島以來第一次吃到，很懷念，所以每一樣都叫了一客。

晚上在司令台前，我和維維聊著今天我們兩人都有情緒的事。

維維說：「我覺得今天自己有點暴躁，從彩虹橋開始，一整天動很多氣。平常都會體諒爸爸走得很慢，今天感覺自己變了一個人，尤其，發現自己到了傍晚就會很心急，想趕快休息，脾氣就不好。」

我沒有責備他，平靜地說：「爸爸有跟你聊過，這次環島，練習控制情緒也是你要學習的事情之一。」維維靜靜地點頭。

維維睡後，我在司令台上想著自己今天不穩的情緒。這一路來對朋友們的熱情支持，自己很感動，但是在朋友們期望配合的壓力下，也產生了抗拒的心理。照顧自己的內在自由，或是照顧朋友們支持的熱情，就像是天秤難以平衡的兩端。我想，就讓一切自然隨緣吧。

行程時間	08:30～18:30＝10h
行程距離	約28km
今日花費	210元
消耗飲水	未統計
要感謝的人	策劃祕密驚喜行程的俊苹、王大哥和在新竹招待的朋友單大哥及張先生（因為是祕密，所以就不能說了）。
	傍晚搭載我們到埔和國小的游先生。
補充	在蓮花寺附近走著，發現路上的警察增加，每個路口都有警察佇立著。「爸，是什麼事，怎麼那麼多警察啊？」「我也不知道，是不是要抓什麼壞人？」我們在疑惑中走到加油站休息，聽到一連串鞭炮聲，看見載著神明的卡車和遊覽車，才發現是神明和香客出遊，我匆匆拎起相機拍了幾張。記憶中，我好像沒看過神明出巡的浩大場面，哎呀，我生長在台灣都快五十歲了。

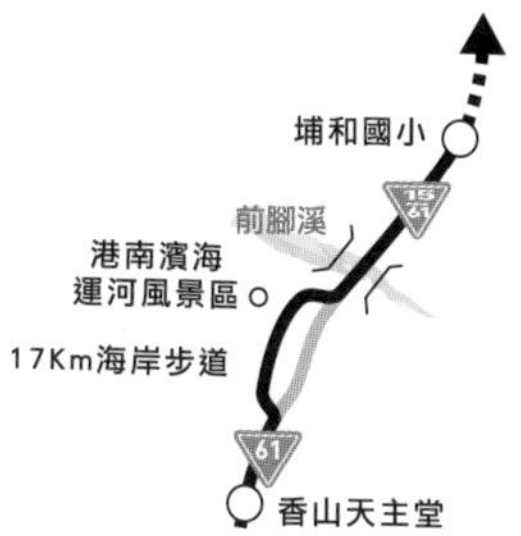

...next

0829
Day 48

晴天

新竹新豐埔和國小
↓
桃園觀音觀音國小

回到小朋友的世界

他認真地解釋：「那不一樣，我們小朋友之間，很多事你們大人不會了解的。就像你們大人的世界，有些我們小朋友也不懂一樣。」

AM
06:00

我們離開埔和國小時，看到了穿制服上學的學生。維維有點擔心國中開學，我說：「沒關係，媽媽幫你請假了，我們專心把行程走完吧。」出發前我們已經討論過，認為把這趟艱難的行程走完，讓事情有始有終，比準時到學校報到重要得多。

我們從竹1號道路接上海岸旁的綠色隧道步道，走向桃園的永安漁港。今天我不太能走，昨夜在煩躁的情緒中睡得不好，走到了中午腳又開始痛了。於是在靠近永安漁港的綠色隧道附近，攔下一輛小貨車，載我們到前面漁港的休息區吃午餐。餐後，又睏又累的我們趴在桌上睡著了。接到了三立電視記者郭小姐要來採訪的電話，我們就在永安漁港休息等待著。

下午四點鐘，我們從桃園的永安漁港，朝向今天要駐紮的地點觀音國小前進。郭小姐在沿途採訪中問我們一些問題，像是過程中有沒有想放棄啦？這段行程最辛苦的是哪裡啦？途中有沒有什麼特殊的事啦？走不動怎麼辦啦？等等這類的問題。這大概也是電視機前的觀眾想知道的吧。

我們按照自己走路的節奏慢慢地前進，已經進入傍晚時分，離觀音國小還有些距離。郭小姐也想了解我們是如何搭便車的，我們便取出搭便車牌，還沒有來得及掛上維維的背包，一輛黑色休旅車就開來停在我們眼前。

好神奇哦！怎麼那麼巧！我們還沒從神奇的感覺中回神過來，車上就跳下了三個人，原

來是全全、全全的爸爸及媽媽。維維一看到全全，就很興奮地大叫：「全全！怎麼會是你！」兩個小朋友高興地笑著，自顧地說話去。

大人們站在路邊寒暄，全全爸爸說：「我想你們今天應該走到這裡了，全全想來看維維，我們就過來了。路邊看到兩個揹背包的，我想，應該就是你們。」

我轉身對還訝異地合不攏嘴的郭小姐解釋：「好巧，是我們的朋友！」

全全是維維從幼幼班就一起長大的好朋友，全全爸爸也是我們的朋友。兩個小朋友見了面，便嘰嘰呱呱地一直說話，尤其超愛說話的全全更是興奮地說個不停，他們的世界只剩下彼此，再也沒有大人了。

PM

05:40

我們搭上了全全爸爸的車子到觀音國小，向學校的警衛室說明借宿的來意，警衛看到我們身後的大陣仗，有電視採訪記者、攝影機和全全一家人，有點不知所措，說了請等一下，便通知了學校的人。

學校的徐主任和彭主任出來和我們接洽，全全爸爸很熱心的在中間打點一切，很順利地借到了學校，可以在走廊或穿堂紮營。

採訪車離去走後，全全爸爸請了我們豐盛的晚餐。餐後回學校，遇到了遊行的花車，觀音這裡今晚有廟會活動，還有夜間市集，好熱鬧。我們一起逛夜市，維維和全全在夜市BB槍的射擊攤位上高興地射汽球。我拍著大家的照片，全全爸爸忙著錄影，全全媽媽則陪著玩耍的小朋友們。

桃園的好友俊苹也帶著他們的小朋友來了，送給維維一個寫著「飛行前拆除」的扣環帶，這是用在戰機上保養後掛上的標示帶。維維很高興收到這個禮物，就直接掛在了他的腰包上。

PM

09:00

晚上九點多，我們回到學校要搭帳紮營了，全全很想參與。維維就教他怎麼搭營帳，又教他怎麼把紙摺成波浪狀做為蚊香的襯墊，怎麼點蚊香。

他們一起做這些事的時候，沒有了小孩子的幼稚嬉鬧，像大人一樣地慎重和專注。

行程時間	6:00～17:40＝11h40'
行程距離	約20km
今日花費	1145元
消耗飲水	未統計
要感謝的人	三立電視採訪郭小姐和攝影師高先生。
	全全一家人。
	送禮物給維維的俊苹阿姨和她的小朋友，他稱維維是「走一圈哥哥」。

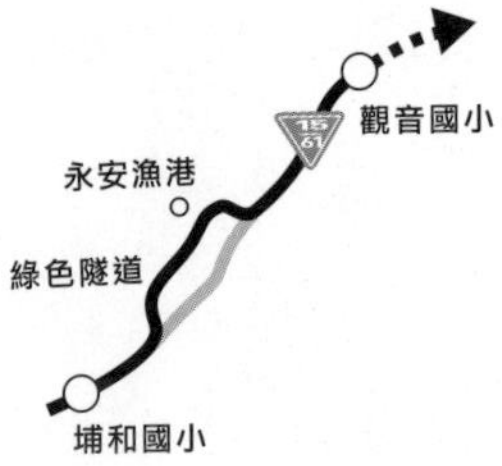

將近十點，全全不捨地和爸媽離開。我們又回復原本的單純狀態，像平常一樣，在洗手台前洗冷水澡，把換洗的衣服晾起來……

我們鑽進營帳裡，維維睡不太著，還處於興奮的情緒中。

「爸，我都不知道全全要來，還以為停下來的是別人的便車咧，沒想到竟然是全全，真是一個驚喜！」

我說：「我也是，可是你怎麼會那麼高興呢？」

「每天走路很辛苦，有朋友陪很棒啊！」他說。

「我不也是你朋友嗎？」我想起他說過的話。

他認真地解釋：「那不一樣，我們小朋友之間，很多事你們大人不會了解的。就像你們大人的世界，有些我們小朋友也不懂一樣。」

這倒是，他說得很有道理。

我和維維一起走路四十八天，我一直沒有把他當小孩看待，他也像是小大人般地成熟懂事。今天遇到了全全，他和全全嬉鬧在一起，突然變回了小朋友的樣子，一時間，自己還有一點不太習慣。

維維看著營帳上的透氣天窗，他悠悠地說：「全全說，最後一天可能會和我一起走。」

他期望那天全全真的能過來，他能和好朋友一起走向終點。

...next

照片提供／林鎮生

0830

Day 49

晴天

桃園觀音觀音國小
↓
桃園大園沙崙國小

走一天好悶的心情

爸，雖然也會跟你說很多事，但是，跟你說的事和跟小孩說的事，是不一樣的。大人和小孩感覺就是不一樣。

AM 06:30

我們今天一路上沉默地走路前進，沒怎麼說話。維維想和全全一起走到終點，他期待著最後一天的到來。

他壓抑著自己的心情說：「爸，感覺我們快走完了，我心裡有一點急迫和興奮，可是我不能這樣。」

我不解地問他：「哦，為什麼？」

「好像學期要結束前放暑假一樣，就會有些興奮，想要快點到，越急就感覺越慢，我把它當成像平常一樣，自然就到了。」他回想起我們決定了行程出發前等待著的日子。

「全全會來嗎？」我問。

「不一定。」

「全全和你一起走，很重要嗎？」我再問他。

他很認真地說：「我真的很希望他能來。我五十天都和一個阿伯年紀的人一起走，希望能有年紀相近、談話相近、互相聽得懂的朋友一起走。」「爸，雖然也會跟你說很多事，但是，跟你說的事和跟小孩說的事，是不一樣的。大人和小孩感覺就是不一樣。」

AM 11:30

中午走到便利店休息。這間不是7-11，維維說他比較喜歡7-11。7-11在他的心裡有著特殊的情感記憶。

寒暑假時，他回清境松崗山上long stay。他四叔及山上的年輕人幾乎每天工作後，就會開車到清境國民賓館的7-11報到。買點零食，買一杯沖泡咖啡和飲料，或者就近買個烤香腸，在門外的露天咖啡座上休息聊天，舒解一天工作的疲累。

因此，7-11在維維的生命中有一種位置，是屬於在清境山上和三叔、四叔、堂兄姊們的

行程時間	6:30～17:30＝11h
行程距離	約20km
今日花費	未統計
消耗飲水	未統計

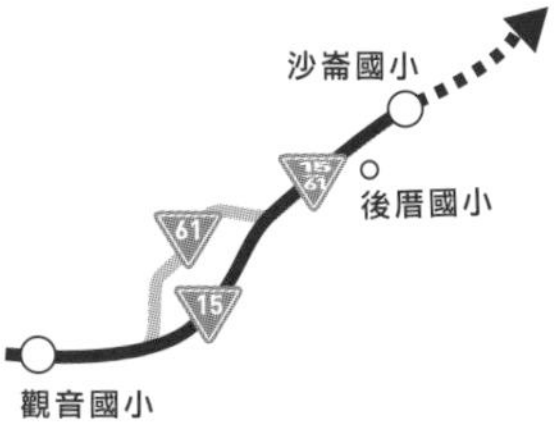

PM

05:00

共同記憶和感情。不像我，對我來說7-11只是個便利店而已。

這次回松崗，維維問四叔他們，他想要步行環島能不能走得完？他們說只要能堅持下去，一定可以走完。但阿龍叔叔則認為，因為他是台北小孩，大概不行。

在便利店休息時，聯合報楊小姐打電話來，做了電話採訪。下午走上路後，聯合報記者潘先生也來拍了我們行進的照片。

傍晚時分，我們走到後厝國小附近，看到很多飛機在桃園機場中起降。

我們上到了路邊的人行天橋，我拍飛機，維維很高興地看著客機起飛。

他回憶著說：「爸，我小時候也很喜歡客機，可是現在就比較喜歡戰鬥機了。」

「對啊！你那麼多的客機玩具好像都不見了，倒是戰鬥機和武裝直昇機模型，都還一直掛在天花板上。」

下了人行天橋，我們再走到沙崙國小，看到校門口上的校名，維維說：「爸，沙崙耶，我們又回到沙崙了。」

我也笑著對他說：「是啊，我們已經走了一圈。現在就回家吧！」兩個人相視，都笑了起來。

一整天我們走路的心情都是悶悶的，多半走在行程快結束前怪異的沉默中。除了飛機外，我也幾乎沒有拍照。

離台北很近了，松崗阿龍叔叔錯看的台北小孩，就快要走到終點了。

...next

桃園大園沙崙國小
↓
台北林口瑞平國小

晴天

0831

Day 50

靜靜地開始，看來不會是靜靜地結束了

我躺在木質地板上，眼睛失焦地望著天花板，有種空空又紮實的感覺。從靜靜地開始，演變成熱鬧地結束，也是順著自然發展的結果，就這樣吧。

AM
07:30

一早，在便利店裡翻聯合報，看到一張我們很大的照片，就刊在頭版上，維維驚奇地說：「哇！上頭版了！」

買了兩份報紙，我們坐在玻璃牆邊的休息區，吃著早餐，看著報導，五十天來的事瞬間湧入我腦海。那些一路上鼓勵我們、協助我們的和善人們，他們的面容也一一浮現，我剎時淚湧盈眶。

在聯合報今天的報導後，親友們都打電話來問候，有些朋友還說：「要不是看到報導，都不知道你們做這樣的事！」媒體記者也不斷打電話來，光接電話就忙到不行。這樣的狀況下，在便利店，維維還是能趴在我的相機包上，好好地睡個午覺。我也是，依然能保持著自然和平靜，讓所有的事情順其自然，依著我們本來的節奏和感覺行進，事情就簡單多了。

PM
04:40

下午，我們從火力發電廠走向瑞平國小，這一段路正在施工，走起來得小心些。我們走過了工程的鐵板圍籬，在圍籬旁的沙地上，留下了我們的鞋印。

維維說：「爸，我們現在一步一腳印耶，你要幫我把腳印拍清楚一點，記錄下來。」

我答道：「沒問題！」心裡則很欣喜，自己的拍攝開始被環島五十天的伙伴認同了。他終於也感覺到，多拍點東西，可以做為日後的回憶；或者，未來他向我孫子講他爸爸在十二歲國小畢業和爺爺的瘋狂環島故事時，還可以用來佐證。

傍晚，在快到瑞平國小的路上，一輛轎車停下來，下來一個年輕男生，說：「想和你們合照可以嗎？」

我說：「沒問題呀！」那當然好，我們也很高興。

他說，我們可能不記得了，在行程的第二天中午，我們曾在他們店裡吃飯，聊到我們正在步行環島，那時我還邀請他弟弟參加。他們認為我們會走不完，沒想到，我們真的快要成功了。他看到報導，就來到這條路上找我們，真高興終於遇到了。

他說的事，算起來已是四十八天前的事了，我的記憶有點模糊，維維卻依然記得：「對啊，爸，我們那天吃炒麵還有炒海瓜子！」

PM
06:20

到達瑞平國小時，紅紅圓圓的夕陽正在海平面上不遠處掛著。

我們向警衛室詢問借宿學校的事，還沒說完，裡面的女士就說：「沒問題，學校都已經為你們安排好了。」

我疑惑地問：「你們知道我們要來嗎？」

她回答：「下午一大群媒體記者就來了，沒等到，就都走了。」託媒體的福，讓我們借宿學校非常順利。

這位女士帶領我們到教室的走廊，我看到有外窗隔著的走廊，便覺得這裡的住宿環境很好，脫口而出說：「哇！住這個走廊很棒耶！」

她說：「我們為你們準備了教室，還有冷氣可以用。」聽到這，又看到教室內鋪著乾淨的木質地板，讓我們覺得備受禮遇，心裡十分感動。

這是環島行程中，住學校最舒服的一晚了。

晚上全全爸爸帶著便當及我需要畫大字報用的紅藍黑三色的粗筆來了，他說：「全全晚點會跟他媽媽過來，今晚和維維住這裡，明天一起走到淡水。」維維聽了很高興，在他夢想成真的最後一刻，能和好朋友一起共享，一起經歷明天的光榮時刻。

我們一群人在教室的走廊上，吃著便當。在等著全全過來的時間，我們一邊吃著一邊聊天。這樣的氣氛融洽又美好。

全全來到後，和維維在有冷氣的教室中，將睡墊吹起來，鋪好，說是要睡了，兩個小孩卻玩瘋了起來。

我洗晾了衣服，在自製「環島成功」的大字報上著色時，整個走廊上聽到的都是他們快樂嬉鬧的笑聲。聽到這樣的聲音，知道維維很開心，心裡覺得真好！難得他可以這樣快樂地做自己，不需要老是像個懂事的小大人。

送走了全全爸媽和阿姨，我在著色完成的大字報背面貼上防護膠帶，擺在穿鞋的矮櫃上，再將我們這趟行腳的大功臣兩雙GORE-TEX防水鞋擺在前面，拍了一張紀念照。看著大字報和鞋子，我有一種深沉的光榮和成就感。

進入教室，維維和全全兩個小孩面對面趴在各自的睡墊上睡著了，兩人的臉都像天使般單純安詳。

我躺在木質地板上，眼睛失焦地望著天花板，有種空空又紮實的感覺，這幾十天來的行程，明天就要完成了。在聯合報的報導後，一堆媒體都在瘋狂追蹤，明天大概不可能會是靜靜地結束了。

從靜靜地開始，演變成熱鬧地結束，也是順著自然發展的結果，就這樣吧。

媽媽的悄悄話

我和我先生從維維身上學習到很多，得到很多，孩子是我們的寶藏，是我們的老師。

我自己是做創造力訓練的，我相信人生的可能性是每個人自己創造出來的。維維的徒步環島就是個很好的說明：投入到一個行動中，不管是徒步環島、還是去學做菜、去紐西蘭流浪、去買一件美麗的衣服……只要是全心全意地投入，一定會引發出很多的力量與勇氣。

我自己也是中年轉業，從高薪、高壓力的工作崗位離開；從每個月有固定薪水到現在要投入所有的心力去創造新的想法、新的謀生方式。維維願意去面對一路上的未知，這給了我很大的鼓勵。

投入到行動裡、參與自己的人生，讓自己流動起來。不要輕易否定自己的夢想，未來會有無數的美麗的尾聲等著你，因為你會為自己創造出無數的開始。

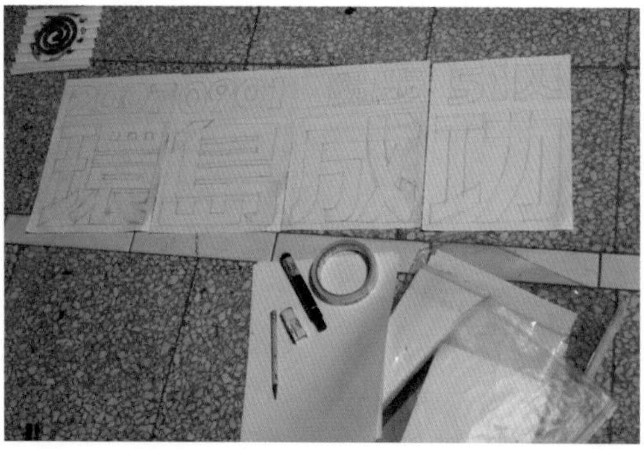

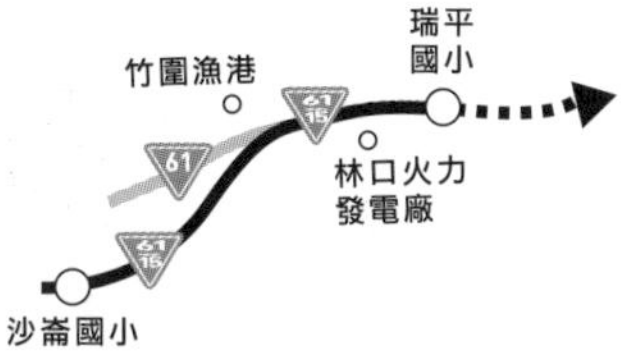

行程時間	06:30～18:20＝11h50'
步行距離	約20km
今日花費	未統計
消耗飲水	未統計
要感謝的人	全全他們全家人。
	報導我們故事的聯合報記者楊小姐和潘先生。
	陪著我們一路走著拍攝的聯合報記者游先生。
	瑞平國小的校長和老師。

...next

0901

Day 51

晴天炎熱

台北林口瑞平國小
↓
台北淡水
捷運廣場行程終點

畫下了環島行腳的句點

親朋好友們都聚到了我們旁邊，我拿著大字報，大聲說：「徒步五十一天，環島成功！」大家便高舉雙手一起歡呼：「成功！」為這五十一天畫下超級美好的句點。

今天的步行，是環島全程時間發條上得最緊的一天。我一早便打電話給維維媽媽，將到達台北淡水捷運站的時間，設定為下午兩點到兩點半之間，讓大家方便安排，此外，真的沒辦法再更精確了。為了掌握步行順暢的進程，在每個休息時間，我便看手錶，拿出地圖做標示，以了解我們走路的速度和距離的關係，用來調整前進速度要加快或減慢。

AM 07:30

從瑞平國小到淡水捷運站，路程不長。我們準時六點起床，吃著全全昨天帶來的麵包早餐，維維很高興，全全則充滿第一次健行的興奮。今天要走的路段正在施工，車道縮減成只有窄窄的一線道。車輛有點多，交通有點繁忙，我們盡量靠邊走，但是，從身旁飛馳而過的車輛，尤其是重型沙石車，還是會讓我們被震懾住。維維和全全很懂事，前後列隊縱走，路上沒有嬉鬧，保持安全。我把曬衣繩拿出來，拉了三個人走行時的長度，前端綁在維維背包的左腰帶上，拉過中間的全全，後端綁在我的相機包左側。這樣，我們就可以控制整個隊伍的長度和行進的速度了。

AM 10:00

到達八里才十點多，今天走路的進度超快。於是，我們便多了時間可以走海岸線，欣賞淡水河口沿岸的風景，避開台15線車多而單調的公路路線。

我們走到台北港，再到十三行博物館，沿著旁邊的自行車步道前行，步道兩旁都有綠樹遮蔭，是很好的步行道。穿過了這裡，便到了紅樹林自然保護區，我們稍做了休息。繼續走上往八里風帆碼頭的步道，與小江夫妻和他們小朋友會合後，一行約十個人，一

照片提供／田文源

照片提供／王文源

照片提供／魯文印

照片提供／王文源

起走向八里風帆碼頭。用完午餐，小江說：「渡船碼頭那裡記者太多，我們就不去了，加油！」祝賀我們環島成功後便先行離開。

PM

02:10

我們在下午一點半到了渡船頭。此刻，已經有多台電視攝影機和記者等著我們了。維維面對這大陣仗的採訪隊伍，私下悄悄說：「變得有名真不好，我不想要被採訪。」我輕輕地拍拍他的肩，對他笑笑。

一點四十五分，我們走向渡輪，記者群包圍著我們前進。上了渡輪後，我們選了渡輪後排沒有人的位置，讓其他乘客不會因為我們而受到干擾。在船上，攝影機和記者在我們外圍自然地圈出了一道圍牆，隔開了我們和其他乘客，我們在攝影機和麥克風的槍口下就像無所適從的獵物一般。

平底的渡船一直搖晃，但海風襲來十分涼爽怡人，頃刻間，便到了淡水渡船碼頭。維維起身想離開，我輕拉他坐下。「等一下，讓其他乘客都離開，我們再下船吧。」不然這麼多記者和攝影機為了搶畫面，一定會影響到其他人。

踏上了淡水碼頭，我們便完成了環島一圈的行程。我們朝向台北淡水捷運站走去，接下來就要完成我們的到達儀式了。

我們向前走，所有的記者群就跟著移動，我們被包圍在前進的隊伍中間，一大群人跟著我們朝向捷運站走去。

弟弟文印上前來和我擁抱，並且對維維說：「哈囉！」維維一直笑著。堂弟瓊崗也大老遠就高興地「耶～」上前來和我擁抱，然後摟著維維肩膀對他說：「走一圈都長高了哦，都長得比我還高了。」

從河堤走上階梯，在捷運廣場前的樹蔭路上，媽媽走上前來。「維維！兒子，哦～」捨不得地用力擁抱著，又高興地拍拍他的臉頰。

奶奶隨後也大老遠就「維維！維維！維維！」地叫喚著一路奔來，和維維擁抱，很心疼又很榮耀地拭著淚水。我也抱住奶奶，辛苦她大老遠從清境農場下來。

然後，外婆也來了，抱住了巨大的維維，眼裡泛著淚光，疼惜地不斷拍著他的肩膀。

穿過廣場前的樹下，走向媽媽為我們準備插旗的廣場花台前，我們拿起旗桿，維維放下背包，把從彰化鹿港起就帶在身上的國旗從背包中拿出來，套在旗桿上綁緊。十幾架攝

照片提供／魯文印

影機已列隊排好，將鏡頭瞄準我們。

維維再揹上背包，我們一起拿著旗桿，跳上花台，學著《硫磺島的英雄們》將國旗插在旗座上，媽媽及親友們在台下高興地鼓掌歡呼。媽媽高興地說：「噢～維維！恭喜你！」維維此刻臉上充滿了笑容，又開心、又榮耀、又有成就感。

媽媽把曼陀珠和可樂交給維維，我把相機準備好，我們要向天空噴灑做慶祝環島完成的儀式了。我跳下花台，走到列隊排著的攝影機前面蹲下，把相機對準了維維，然後像過去我們常做的一樣，引導倒數：「五、四、三、二、一、開始！」維維便在開心的笑容和大家的驚呼中，把可樂向天空噴灑得好高好高。

我走上花台，把昨天熬夜上色的大字報拿出來，上頭寫著：「20070901　徒步51天　環島成功」，大家歡呼又鼓掌。

「有一件事，我已經跟維維說過，他不可以拒絕我。」我這麼說時，維維不好意思地在身上畫著十字做祈禱狀。

我繼續說：「他每次在大庭廣眾之下，都不肯讓我這麼做。」台下的聲音此起彼落「親他！親他！」

我雙手大大地張開擁抱著他，說：「兒子！你很棒！你做到了！」台下也跟著歡呼，維維則很不自在地一直笑著。

奶奶頒給了維維一個紅包。「奶奶要送你禮物，你走路五十天辛苦了。」然後仰摟著比她高很多的維維，疼惜不已。外婆也上前來說：「外婆也要送你一個禮物。」用力地擁抱他。

記者上前來採訪，問維維有沒有想要說什麼？維維他第一個就想到同學，說：「我很感謝同學來看我。」同學的加油和鼓勵，是他能堅持下去很大的動力。

記者再問他為什麼要走路環島？維維很單純地說：「嗯～這只是單純走路環島的念頭嘛，不為什麼，想到就去做嘛。」

記者又問維維現在最想做的是什麼？「看神鬼認證三。」因為他行前和媽媽約好，要等他環島回來再一起去看這部電影。記者也問我最想做的是什麼，我說：「睡到自然醒。」大家聽到這個回答都笑了。我真的想好好休息一下。

照片提供／王文源

照片提供／王文源

照片提供／王文源

行程時間	7:30～14:30＝7hs
行程距離	約15km
今日花費	未統計
消耗飲水	未統計
要感謝的人	所有的親朋好友和維維的同學們。
	採訪拍攝報導的記者們。
	五十一天來在環島的路上幫助我們和支持我們的每個人。
	這幾天幫我們拍攝做記錄的朋友。
	在最一天陪維維一起走到終點的全全；帶了水來幫我們清洗噴灑可樂的全全爸爸；還有
	協助旗桿旗座的小江夫妻。

他們問媽媽有沒有什麼擔心的？媽媽說：「第一天的時候最擔心，電話中聽到維維的聲音，說好累，心裡很捨不得，可是又不能叫他不要走。後來，路上有許多人的愛心和鼓勵，讓他能堅持下去。我也相信，一路上爸爸會照顧他，我覺得沒有問題。」

記者要我談談感想。「當我說要陪兒子走環島的時候，很多人都說，很熱耶，會中暑耶，很難走耶，會走不下去耶，可是，只要一走上路，這些問題就沒有了。」我們一開始也沒想到會有這麼大的迴響，後來發現：去想一件事的時候會覺得很困難，但是只要開始做了就不是問題。

隨後，親朋好友們都聚到旁邊，我拿著展開的大字報，大聲說：「徒步五十一天，環島成功！」大家便高舉雙手一起歡呼：「成功！」為這五十一天，有點疲累、很開心、又不想結束的步行環島，在一大堆電視台攝影機的見證下，畫下超級美好的句點。

當維維把可樂噴向天空的瞬間，我感覺到，這趟「沒什麼理由，想做就去做」徒步行程中所有的艱苦，都像可樂的氣泡一樣消失在空氣中了，留下的是，我們自己心裡，對這次走路環島的美好記憶。

...end

OVIDENCE
38

51天

20070901
環島

如常地平靜生活

後記【爸爸說】…………

走完環島後，我們全家配合媒體的邀約上了幾個節目，大家對維維充滿了興趣，也對我們教導孩子的方式感到好奇。

我不覺得我們有什麼特出，只是做了一件大家都能夠做而沒做的事情罷了。也不覺得我們教養維維的方式，是不是比較好？我只是從自己生長過程裡，所經歷過喜歡和不喜歡的經驗，盡量保留比較快樂以及修正後的部分，和維維相處。

在清境農場的山上，我是父親的小跟班。他要到田裡或到哪裡走走，總要我跟著去，平常在家裡沉默的他，在路上便一直和我說話。我習慣這樣的父子感情，所以，我到哪裡也想維維一起跟著，或者，我陪著他做他想做的事。

小時候，在暴烈情緒母親不穩定地打罵及拿著菜刀追砍的陰影下成長，我也帶著不穩定的暴烈情緒，當自己明白後，便努力用和緩穩定的情緒和維維相處，希望他不再有我過去的印痕。

我的人生一直迷失於──在乎別人看法、看起來實際，但並不太能對自己交代的情況中。所以，我給維維相當大的自主性，讓他在自主作為的辯證中，去明白：「我是誰？我的人生是什麼？」

有一天我看見，外表已是成人的自己內心有太多的缺角，明白自己內在是個缺乏愛的小孩。於是，我給維維大量大量沒有任何要求的愛，他不必用乖巧、懂事、成績、才藝來換取，也不必汲汲向我索要，不必用冷酷吸引我的注意，不必用壞脾氣要我撫慰，不必裝可憐要我憐憫。所有我們相處的時間，我用大量的愛把他灌滿，讓他時時刻刻、分分秒秒處在滿滿的愛和溫暖中，支持著他在面對自己的困境時依然能夠安然自在。

我是生活在山上的封閉小孩，在國三以前根本不知道可以考高中，在唸高中以前根本不知道還可以考大學，大學畢業後也根本不知自己在做些什麼。因此，有機會我便讓維維做不同的體驗。我們不強迫他，徵求他同意配合媒體上節目，這也是一個很棒的體驗，去了解傳播怎麼運作，和人們感興趣的是什麼；下節目後，再和他聊他的感覺，注意有沒有帶來什麼變化和影響。

很多人遇到我時，總是問我，維維在環島後有沒有什麼改變？老實說，我也說不太上來。有個朋友說，大概還沒有時間發酵吧！我喜歡這個說法。改變，總是需要長一點的時間，才比較看得出來改變的軌跡。

比較明顯的是，維維變得不再害羞，自信心增強、自我的決斷力增強、自我的控制力也增強了。

他上學後自己決定加入了童軍團，這是他認為學校中最接近軍事活動的隊伍。他也在學校的活動中，和同學自動上台做相聲表演。他對事物和喜好開始更有了看法，問他要吃什麼時，他不再說「隨便」或「都可以」。他自己開始主動減重，很有紀律地控制自己的飲食，不管再好吃的食物怎麼引誘，都能節制地吃飽了就不再多吃。他每天規律地很早五點半就自己起床，六點半到學校做運動。情緒控制也變得更好，比較容易耐煩，比較能好好說話，莫名的情緒性語言少了很多。

感覺上，他越來越像個小大人了。

至於學業，他大概還未能體會到學校知識的樂趣，不是他想花時間投入的項目。

環島也讓我收穫很多。

走過台灣的每個地方變得很親近，自己內在認同的領域不再只是台北和清境農場了。一路上有很多人主動支持、加油和幫助，也讓自己在感動中，對同樣土地上的人們，有更多的認識和感受。

自己由固定的上班族，變成了一個沒有固定收入的自由工作者，在對未來不明的狀況下，還是能保持著信心，就像旅程中每天早上扛起背包開始要走路出發一樣。

在行程的後期，我看見了自己內在不穩定的躁動，知道自己離追求自在圓融還有一段路要走。這趟旅程也引發了自己原本內心裡深藏的一些念頭，接下來，還得一步步地繼續向前。

讓我很開心的是，雖然我們走路環島引發了不小的熱潮，但隨著行程結束，整件事情很快地便歸於平靜，我們的生活也回復原來的平淡與安靜。

維維在學校裡沒有變成風雲人物，沒什麼人認得他，老師和同學也沒有對他特別矚目，他能平靜又平淡地做他自己，沒有壓力地和大家一樣混在藍色的校服中。在街上也沒有人認出我們，這是我們最感激大家的地方，讓我們可以如常地平靜生活。

走路看到的世界

後記【媽媽說】……………

父子環島回來快一年了，至今有幾件印象很深刻的事情。

第一次送補給到東北角。因為是他們離開家第一次補給，而我對東北角不熟，也沒有太多一個人開車離開台北的經驗。維維可能很期待「被補給」，於是一路上不斷接到他的電話，問我開到哪裡了。開到東北角沿路找他們的身影，發現兩個自在地在路上走著的背包客。他們說，邊走兩個人邊開始猜測，從台北開車到東北角需要多久時間？他們想知道，靠兩隻腳走了五天的路程等於開車開了幾個小時。「四十分鐘。」答案揭曉，甚至不到一小時。維維當時的表情很……。

時間這件事情，從此有了不同的視點和感受標籤。

走路五天等於開車四十分鐘，忙碌的現代人很難接受這樣的事情。維維沒放棄，繼續走。效率不是人生唯一的準則。五十一天裡，他在學校過夜，在加油站睡過，還在火車月台上呼呼大睡。回到家後，他一看到家裡的浴室便高興地大喊：「我們家浴室好棒！」那間浴室過去可是被他嫌棄得很呢。

走在路上，他非常羨慕騎腳踏車環島的人，騎士們往往從他們身邊呼嘯而過，留下他們踩著沈重的步伐緩緩前進。今年暑假，他也要從輪子上去看世界。而我，也要跟著他後面去看看，他看到了什麼。

希望有一天，國家與國家之間不再只用像GDP國民生產毛額這樣的數字去評比國家競爭力；走在路上半熟不熟的人遇見了，不會在心裡想著對方現在的月收入是多少。

或許能夠有不同角度去看世界才是真正值得珍惜的，因為角度越多代表心越大，能更慷慨對待異己，給自己的人生更多可能性。

後記【維維說】…………

環島後我蛻變了

記者一直問我：「走完這一趟你最記得、印象最深刻的一件事是什麼？」其實，我不知道哪件事是「最記得、印象最深刻的」。我不去想，就通通不記得，一去想，又全部都記得。如果一定要說哪件事是最記得和印象深刻的，那我會說：「這整件事都是我印象最深刻的。」其中包括了高興與難過。

走完之後，我接受很多媒體的採訪。我平常算蠻愛聊天的，但在電視上和廣播節目中都惜字如金，雖然有問必答，但都長話短說。我對記者或主持人的問題，一直沒有什麼感覺。

一個星期三的下午，我辦了外出手續，出學校後看見爸爸已經在校門口等我了，我和他一起走回家準備去上〈今夜哪裡有問題〉。他們要我帶所有環島的裝備到攝影棚，錄影到一段落時，女主持人想要揹揹看我的裝備，一揹上去，就看見她一直往後退，站也站不穩的樣子。我心裡想：有那麼誇張嗎？連我體力不好的老媽都揹得動，她怎麼可能揹不動！

到學校上課後，有些同學對我很好奇，總是問我：「環島好玩嗎？」有一回，我到教務處去拿東西，看到一個老師對我說：「你是不是那個環島五十一天的？」「是！」我回答，他便一邊拍我的肩膀一邊稱讚我。同學告訴我，報導我們環島的報紙被貼在圖書館外面，我就過去看看到底是真是假？一到那兒，看見大部分的人都在看著我，我就馬上離開，因為，我不喜歡成為別人的焦點。有一個班級的班導用〈天下雜誌〉二〇〇七年教育專刊上採訪我們的那篇，叫他們班的同學寫讀書心得，搞得他們全班都認識我了。幸好，在學校裡並沒有成為焦點。

入學後，我遇到了一個好老師，讓我對這個學校原來的看法徹底改變，很多聽到的傳言，和現在都不太一樣。

走路環島夜行軍時，我在加油站路邊躺在地上睡過，就不再怕黑；在下南田阿伯的雜貨店那裡，我吃過只加鹽的水煮麵，對吃的就不再要求；經過了古道和石頭海岸的磨鍊，我就不再輕易向壓力低頭。

環島回來後，讓我更能吃苦，更放得開，也讓我更能控制情緒。它讓我從一個幼稚的小孩，蛻變為一個堅強的青少年。

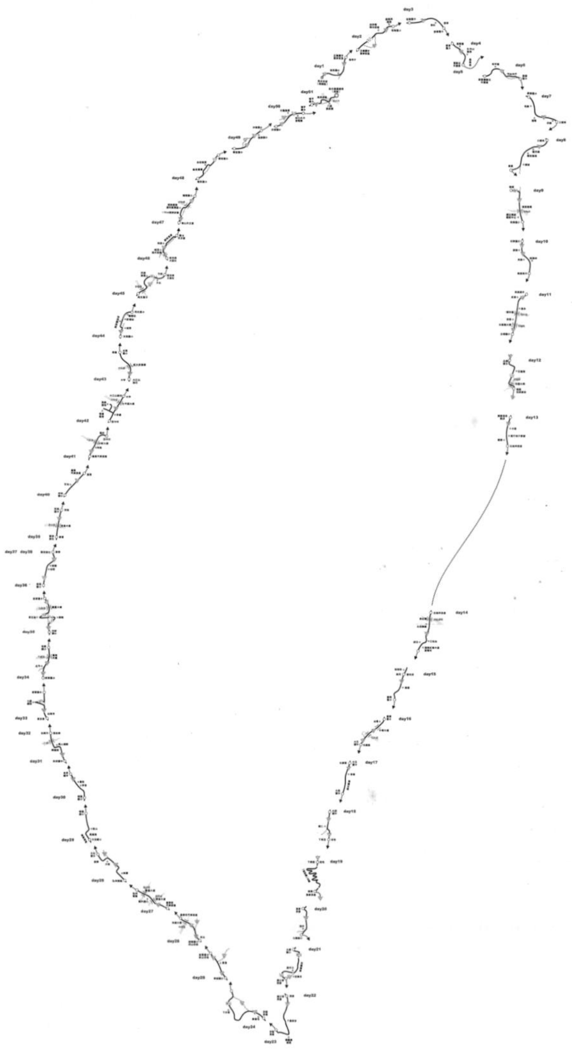

這本書得以誕生，首先要感謝讀書共和國郭社長，對我們這趟環島行腳故事的賞識。也要感謝木馬出版社的同仁們，為這本書付出的心力，尤其感謝編輯惠琪，在這段日子來的努力和協助。

同時呢，還要感謝為這本書推薦的——田耐青教授、李偉文理事長、東明相先生、林文義先生、郝譽翔教授、陳之華小姐、陳雅慧小姐、陳懷恩導演、游乾桂先生、鄭栗兒小姐、劉威麟先生。謝謝您們。

最後感謝朋友們和家人的相挺。感謝我的母親及從畚斗裡把我抱回來的姨媽。也感謝我的父親，在行程中一直保祐著我們，我很想念他。

魯文學

國家圖書館出版品預行編目資料

說走就走!：父子徒步環島51天 / 魯文學著. -- 初版. -- 臺北縣新店市：木馬文化出版：遠足文化發行, 2008.06
面； 公分
ISBN 978-986-6973-77-2(平裝)

1. 臺灣遊記 2. 徒步旅行

733.69　　97009011

作者　魯文學／蕭麗吉／魯適維
總編輯　汪若蘭
編輯　楊惠琪
行銷企劃　謝玟儀
美術設計　生形工作社 02-33225095
社長　郭重興
發行人兼出版總監　曾大福
出版　木馬文化事業股份有限公司
發行　遠足文化事業股份有限公司
地址　231台北縣新店市中正路506號4樓
電話　02-22181417
傳真　02-22188057
Email　service@sinobooks.com.tw
郵撥帳號　19588272 木馬文化事業股份有限公司
客服專線　0800221029
法律顧問　華陽國際專利商標事務所 蘇文生律師
印刷　成陽印刷股份有限公司
初版　2008年6月
定價　320元
ISBN　978-986-6973-77-2